诚信为本　操守为重

坚持准则　不做假账

诚信为本

——与学习会计的同学共勉

善本再訂

"十二五"职业教育
国家规划教材修订版

会计专业"互联网+"课、岗、训融合新形态一体化教材

成本会计
仿真实训

（第三版）

主　编　丁增稳

副主编　曹方林　胡传山

ACCOUNTING

高等教育出版社·北京

内容提要

本书是"十二五"职业教育国家规划教材修订版。

本书是根据 2019 年 4 月 1 日起执行的《财政部 税务总局 海关总署关于深化增值税改革有关政策的公告》、财政部 2019 年 4 月 30 日发布的《关于修订印发 2019 年度一般企业财务报表格式的通知》和财政部 2013 年 8 月发布的《企业产品成本核算制度(试行)》，以及教育部会计专业教学标准对成本会计实训课程的要求编写而成的。全书采用任务驱动式教学法编写，以现代家具制造业典型业务为主线，从建立账簿开始，到填制和审核会计凭证、登记账簿、成本计算，直到编制会计报表，系统地阐述了制造业企业会计核算的全过程。本书采用仿真现代家具制造业经济业务的编写方式，在增加学生对制造业成本核算感性认识的基础上，重点训练学生对制造业的成本归集和分配的核算、成本核算流程再造和成本核算方法的运用。

本书既可作为高等职业教育会计专业学生用书，也可作为成人教育和会计人员继续教育培训用书。

本书配套开发有习题答案等数字化教学资源，具体获取方式请见书后"郑重声明"页的资源服务提示。

图书在版编目（C I P）数据

成本会计仿真实训 / 丁增稳主编 . -- 3 版 . -- 北京：高等教育出版社，2021.3

ISBN 978-7-04-055688-9

Ⅰ. ①成… Ⅱ. ①丁… Ⅲ. ①成本会计-教材 Ⅳ. ①F234.2

中国版本图书馆 CIP 数据核字（2021）第 029989 号

成本会计仿真实训（第三版）
CHENGBEN KUAIJI FANGZHEN SHIXUN

| 策划编辑 | 武君红 | 责任编辑 | 贾玉婷 | 封面设计 | 赵 阳 | 版式设计 | 童 丹 |
| 责任校对 | 窦丽娜 | 责任印制 | 韩 刚 | | | | |

出版发行	高等教育出版社	网 址	http://www.hep.edu.cn
社 址	北京市西城区德外大街 4 号		http://www.hep.com.cn
邮政编码	100120	网上订购	http://www.hepmall.com.cn
印 刷	运河(唐山)印务有限公司		http://www.hepmall.com
开 本	787 mm×1092 mm 1/16		http://www.hepmall.cn
印 张	14.75		
字 数	180 千字	版 次	2014 年 8 月第 1 版
插 页	1		2021 年 3 月第 3 版
购书热线	010-58581118	印 次	2021 年 3 月第 1 次印刷
咨询电话	400 810 0598	定 价	35.80 元

第三版前言

本书是"十二五"职业教育国家规划教材修订版，自出版以来，为全国多所高职院校的会计、审计等专业师生选用，受到广大师生的一致好评。本书也可以作为全国会计职业院校会计技能大赛、管理会计技能大赛、大学生财会创新技能大赛及其他相关赛项的训练教材。

本书第二版出版后，国家相继对原颁布的企业会计准则（具体准则）进行了修订，2017年11月至2020年11月，国家又对《中华人民共和国会计法》《中华人民共和国增值税暂行条例》及增值税税率等内容进行了部分调整。这些法规的修订涉及本书第二版的部分内容，特别是增值税税率变化，需要进行修订、补充和调整。本次的修订主要内容如下：

（1）更新增值税税率。2019年4月我国推行增值税税率由16%和10%分别下降为13%和9%。企业发生的经济业务增值税税额及相关资产、负债、收入和费用均发生变化。

（2）一般企业财务报表按最新格式进行修订。由于新金融准则、新收入准则、新租赁准则、新非货币资产交换准则和新债务重组准则的相继发布，导致企业编制的资产负债表和利润表项目均发生了变化。

（3）对原书稿中的个别文字、原始凭证及业务题的时效性进行全面调整和修订。

本书修订由安徽商贸职业技术学院丁增稳教授总负责并提出修订计划，本书由丁增稳担任主编，安徽商贸职业技术学院曹方林、胡传山担任副主编。全书由丁增稳进行总纂。

由于编者业务水平和实践经验有限，书中难免存在不足之处，欢迎广大读者批评指正。

编　者

2020年12月

第一版前言

为认真贯彻《中共中央 国务院关于深化教育改革全面推进素质教育的决定》和党的十八届三中全会精神，满足高职院校会计实训教学的需要，培养技术技能型会计人才，我们根据财政部 2013 年 8 月最新发布的《企业产品成本核算制度（试行）》（财会〔2013〕17 号）和教育部高等职业教育会计专业教学标准对成本会计实训课程的要求编写了本书。

本书以模拟现代家具制造业企业的典型业务为主线，从建立账簿开始，到填制和审核原始凭证与记账凭证、登记账簿、成本计算，一直到编制会计报表，对制造业企业会计核算的全过程进行了系统训练。本书具有以下特点：

一、新颖性。本书在编写形式上进行了创新，图文并茂，充分展示了现代家具制造业的生产流程和设备资料，增加学生的感性认识。

二、针对性。目前市场上会计实训教材很多，但针对成本核算进行实训的教材却寥寥无几。其结果是：进行成本核算实训时，部分内容与财务会计和综合模拟实训重复，针对性差。本书简化了会计要素的核算，将重点放在制造业的成本核算流程、成本核算方法的训练上。

三、唯一性。为了培养学生的职业判断能力，增强其学习自信心和独立性，本书对一些原始凭证金额的设定依据每个学生的实训号而有所不同，这样可使其会计核算答案是唯一的。这对培养学生独立完成会计核算的能力是非常有益的。

四、指导性。本书对成本核算的主要过程、核算方法，以及成本核算所需要的计算表、账页都一一进行列示，具有很强的指导性。

本书由安徽商贸职业技术学院丁增稳教授担任主编，曹方林、胡传山担任副主编。安徽商贸职业技术学院、安徽鑫龙电器股份有限公司、安徽平泰会计师事务所、安徽新中天会计师事务所和高等教育出版社对本书的出版给予了大力帮助和支持，在此深表谢意。

限于编者的业务水平和实践经验，对现代家具制造业的成本核算特点和核算方法研究还不够全面，本书难免存在不当之处，在此，我们期待着各位实训指导教师和参加实训的学生批评指正，以便本书不断修改和完善。

编 者

2014 年 5 月

目　　录

子任务一　熟悉企业基本情况

安徽红星家居有限责任公司（简称红星家居公司）是专门从事家具设计与开发、生产和销售的公司制民营企业，其主要产品是现代板式家具，具体情况如图1-1所示。

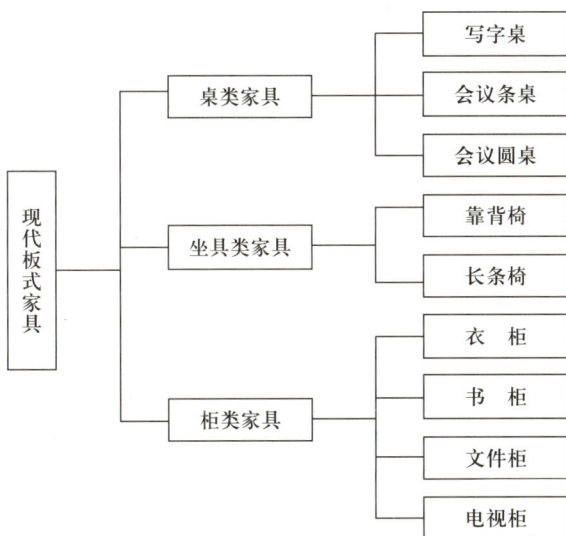

图1-1　红星家居公司家具产品构成图

公司位于安徽省江城市高新开发区黄山路158号，占地100亩①，电话0553-59481158。公司注册资本1 000万元，由江城红星家具城、双飞木业有限公司和家饰丽漆业有限公司共同出资组建，持股比例分别为30%、30%和40%。

该公司开户银行为中国工商银行黄山路支行，账号1341090251020026888。该公司为增值税一般纳税人，增值税税率为13%，适用的企业所得税税率为25%，其纳税人识别号为91340202743072158M。

企业法人代表：周开源；财务经理：胡子华。公司设立四个基本生产车间、两个辅助生产车间、厂办公室、后勤部、业务部、财务部、医务所等部门。

---

① 亩为非法定计量单位，1亩 ≈ 666.67平方米。

子任务二　熟悉企业产品

　　红星家居公司的产品主要包括桌类家具、柜类家具和坐具类家具三大类。其产品样板列示见图1-2~图1-8。

图1-2　现代板式家具A

图1-3　现代板式家具B

图1-4　会议桌椅

图1-5　会议条桌

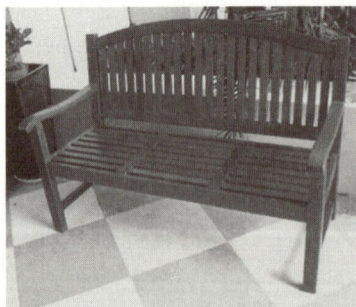

图1-6　长条椅

图1-7　文件柜

图1-8　电视柜

板式家具不同于木制家具，它是以人造板为主要基材，经表面装饰后加五金件连接而成的家具。由于人造板打破了木材原有的物理结构，所以在温度、湿度变化较大的时候，人造板的形变要比实木小，质量要比实木家具稳定。因此，板式家具具有可拆卸、造型富于变化、外观时尚、不易变形、质量稳定、价格实惠等基本特征，而且，由于板式家具通常采用各种金属五金件连接而成，便于组装和运输，能有效减少运输成本。

板式家具常见的饰面材料有薄木（俗称贴木皮）、三聚氰胺浸渍纸、木纹纸（俗称贴纸）、PVC胶板、聚酯漆面（俗称烤漆）等。后三种饰面通常用于中低档家具，而天然木皮饰面用于高档产品。板式家具是由中密度纤维板或刨花板进行表面贴面等工艺制成的家具（图1-9~图1-11）。这种家具中有很大一部分是木纹仿真家具。市场上出售的一些板式家具的贴面越来越逼真，光泽度、手感等都不错，工艺精细的产品价格也很昂贵。天然木皮饰面由于使用实木贴皮，比较难保养，饰面的耐磨性、耐高温性和防水性，相比三聚氰胺饰面板差很多。

图1-9　刨花板	图1-10　饰面板	图1-11　贴纸

五金连接件是最直观的质量标准，良好的五金件要开关自如，没有噪声，表面镀层没有剥落现象（图1-12~图1-14）。一些高档板式家具的五金件是进口的，上面可以找到外文标识。金属件要求灵巧、光滑、表面电镀处理好，不能有锈迹、毛刺等，配合件精度要高。塑料件要造型美观，色彩鲜艳，使用中的着力部位要有力度和弹性，不能过于单薄。开启式连接件要求转动灵活，这样家具在开启使用中就会平稳、轻松、无摩擦声。

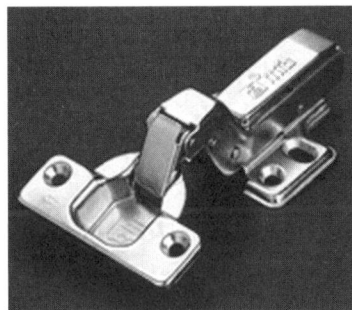	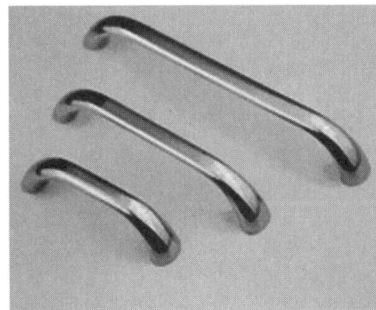	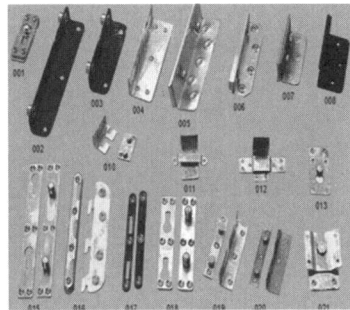
图1-12　铰链	图1-13　拉手	图1-14　五金双插

子任务三　熟悉企业生产车间

企业设有四个基本生产车间：一车间是桌类和坐具类加工车间，二车间是柜类加工车间，三车间是油漆加工车间，四车间是家具包装车间。

图1-15～图1-17所示为木素材、饰面板、木贴纸的加工工艺，图1-18、图1-19所示为油漆加工车间和家具包装车间。

图1-15　木素材加工工艺

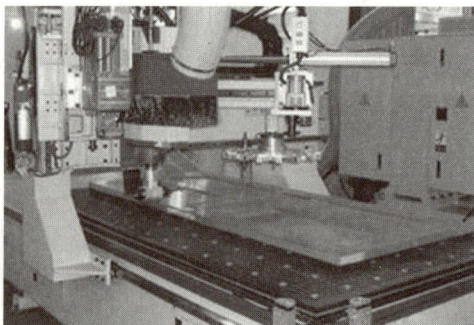

图1-16　饰面板加工工艺

图1-17　木贴纸加工工艺

图1-18　油漆加工车间

图1-19　家具包装车间

此外，企业还设两个辅助生产车间：变电车间和供汽车间。变电车间负责为各部门和产品提供电力；供汽车间为基本生产车间、辅助生产车间、企业管理部门提供蒸汽服务（图1-20~图1-23）。

图1-20　供变电设备

图1-21　供变电监控室

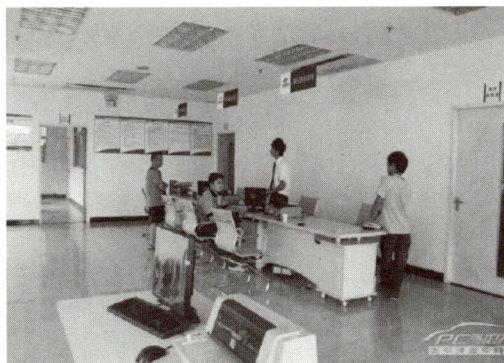

图1-22　设备检修监控室

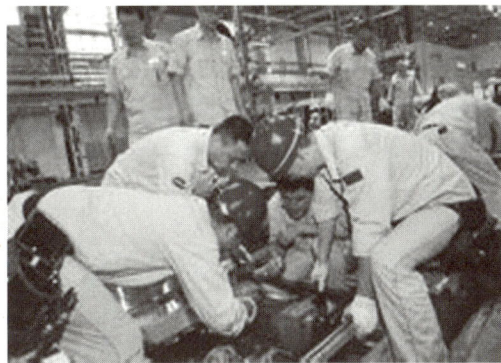

图1-23　供汽操作现场

子任务四　熟悉企业生产工艺流程

该公司为大量大批多步骤生产企业，管理上要求分步骤计算产品成本。第一车间生产桌类家具和坐具类家具，将生产完成的自制半成品移交给第三车间。第二车间生产柜类家具，将生产完成的自制半成品也移交给第三车间。第三车间对移交来的家具进行破坏处理，如敲打、虫孔、沟槽、锉边等，再进行吹灰、喷底色、封闭漆、干燥、打磨、擦色、拉明暗、干燥、刷第一道底漆，干燥、打磨、喷点、干刷、刷第二道底漆，打磨、干刷修色、干燥、刷第一道面漆，干燥、打磨、灰尘漆、修整、刷第二道面漆，干燥、下线等处理后移交给第四车间。第四车间对已经油漆处理的家具按合同规定进行包装处理，交付运输部门运出销售。其生产工艺流程图如图1-24所示。

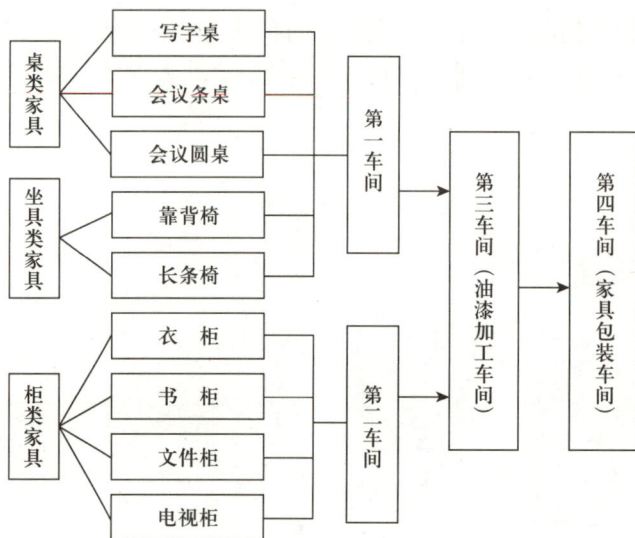

图 1-24　生产工艺流程图

由于生产工艺不同，所使用的设备也不同。下面就现代家具制造业所使用的主要设备及加工工艺列示如下，以供参考（见表 1-1）。

表 1-1　现代家具制造业使用的主要设备及加工工艺

流程	使用设备	加工工艺	设备图片
开料	电子开料锯或推台锯	1. 大幅面素材板锯切时，应平起平落，每次开料不超过三层 2. 锯切后的板件应置于干燥处堆放，每个货位允许堆放五十层左右，同时将工艺卡片写清楚	
定厚砂光或表面砂光	宽带砂光机	1. 用于基材的准备工段砂削，校正工件的厚度尺寸误差，提高板材的抛光度 2. 砂磨时，要求前后芯料首尾相连，连续进料	
胶压	冷压机或热压机	将涂胶的板材放进胶压机进行加压、稳压、卸压	

续表

流程	使用设备	加工工艺	设备图片
裁边	裁边圆锯机或双面裁边锯机	覆面板裁边时先用刻痕锯在其背面锯出一条切槽，以切断覆面板背面的纤维，防止产生崩裂现象	
封边	直线封边机或曲线封边机	覆面板封边要求：接合牢固，密封，表面平整，清洁，无胶痕，确保尺寸与形状的精度	
加工成型机	铣床、镂铣床等	1. 立式铣床加工大幅面的覆面板 2. 回转铣床可加工各种弯曲成型的覆面板 3. 镂铣床可进行铣槽或雕花 4. 万能铣床可进行各种形式的覆面板的铣槽或雕花等	

【注意】

　　由于要强化学生对成本核算的综合运用能力，因此，在本实训中，除涉及成本费用业务以外，其他相关业务均采用简化的处理方法，这些业务应在财务会计实训和会计综合模拟实训中完成。

任务二　建立会计核算制度

子任务一　建立流动资产管理制度

1. 库存现金限额为 5 000 元。
2. 坏账准备采用备抵法，按应收账款年末余额百分比法提取坏账准备，提取比例为 2‰。
3. 原料及主要材料采用计划成本进行核算。原料、主要材料及价格情况如表 2-1 所示。

表 2-1　原料、主要材料及价格

纤维板 计划成本 100 元 / 张	刨花板 计划成本 40 元 / 张	饰面板 计划成本 200 元 / 张
实木板 计划成本 2 400 元 / 米³	木皮 计划成本 16 元 / 米²	面漆 计划成本 150 元 / 桶
木工胶 计划成本 90 元 / 桶	底漆 计划成本 210 元 / 桶	强力胶 计划成本 80 元 / 千克

4. 周转材料采用实际成本核算，领用周转材料采用永续盘存制下的先进先出法，摊销方法采用一次摊销法。

5. 库存商品采用实际成本核算，采用月末一次加权平均法计算发出商品的实际成本。

6. 外购金属构件采用实际成本核算，采用永续盘存制下的先进先出法计算发出金属构件的实际成本。外购金属构件情况见表 2-2。

表 2-2　外购金属构件

| 不锈钢铰链 | 拉手 | 五金双插 |
| 抽屉轨道 | 连接件 | 其他配件 |

子任务二　建立固定资产管理制度

1. 固定资产的折旧采用年限平均法。

2. 固定资产分类折旧率为：产品生产用和辅助生产用固定资产月折旧率为 1%，非生产用固定资产月折旧率为 0.5%。

3. 固定资产日常修理费用直接计入管理费用。

4. 对于更新改造的固定资产所发生的费用，应区分费用化支出和资本化支出。对于符合资本化支出条件的应计入固定资产成本，不符合资本化支出条件的直接计入当期损益。

子任务三　建立产品成本核算制度

1. 确定成本核算方法。由于该公司产品生产为大量大批的多步骤生产，且管理上要求分步骤计算产品成本，所以企业确定采用平行结转分步法计算产品成本。

2. 确定产品成本项目。产品成本项目分为三个项目，即直接材料、直接人工和制造费用。

3. 辅助生产成本明细账设置五个专栏，即：材料费、人工费、折旧费、水电费和其他。

4. 辅助生产成本按直接分配法进行分配。

5. 制造费用明细账按费用项目设置专栏：材料费、人工费、折旧费、水电费和其他。

6. 制造费用按产品的生产工人工资比例进行分配。

7. 各车间成本计算方法规定如下：

（1）一车间各产品采用原材料扣除法（即：在产品按所耗原材料费用计价法）计算期末在产品和完工产品成本。各种产品所耗用的材料均在生产开始时一次投入。

（2）二车间各产品采用约当产量法计算期末在产品和完工产品成本。各种产品所耗用的材料均在生产开始时一次投入，其他项目完工率均为 50%。

（3）三车间和四车间均无在产品，车间发生的直接材料、直接人工和分配的制造费用直接记入"基本生产成本——三（四）车间"，待月末采用系数法分配给一车间和二车间的完工产品成本。

子任务四　建立税收申报及其他制度

1. 增值税。该企业属于增值税一般纳税人，税率为 13%，纳税登记号为 91340202743072158M。增值税税率的规定：企业销售或进口货物、提供加工修理修配劳务、有形动产的租赁适用税率为 13%；交通运输服务、基础电信服务、邮政服务、建筑服务、不动产租赁、销售土地使用权、销售不动产适用税率为 9%；增值电信服务、金融服务、现代服务（研发、信息技术、文化创意、教育医疗、餐饮住宿等）、销售无形资产（技术、商标、著作等）适用税率为 6%。

2. 城市维护建设税。按本期应交增值税计算，税率为 7%。

3. 教育费附加。按本期应交增值税计算，费率为 3%。

4. 企业所得税。企业所得税税率为 25%，按月预交，年终清算。

5. 企业采用科目汇总表账务处理程序，为简化核算半月汇总一次。

6. 法定盈余公积提取比例为当年实现净利润的 10%。

7. 应付投资者利润按可供分配利润（年初未分配利润 + 本年实现的净利润 − 提取的法定盈余公积 − 应付现金股利）的 50% 分配。

任务三 建账并登记账簿

子任务一 建立总账并登记账簿

由于成本会计实训是介于"财务会计实训"和"会计综合模拟实训"之间的实训，因此本实训的主要目的是训练学生对成本核算的基本原理、成本核算程序和成本核算方法的综合运用能力。对于损益的明细核算、现金流量表的编制、日记账和有关结算类明细账户的登记及其他有关明细账的登记工作暂不涉及。账户设置仅包括总账、基本生产成本明细账、辅助生产成本明细账、制造费用明细账、原材料明细账、库存商品明细账等。

账簿体系的设置，要根据各个企业规模的大小、经济业务的繁简和加强管理的实际需要而定。一切独立核算的企业必须设置总账，而且应以财政部颁布的企业会计制度和具体会计准则为依据，账簿格式通常为订本式的三栏式账页。

下面是安徽红星家居有限责任公司 2020 年 8 月初总账账户的期初余额，学生应根据表 3-1 给出的期初余额，开设总账账户。

表 3-1 8 月初总账账户余额表

单位：元

总账账户	借方余额	贷方余额
库存现金	2 000	
银行存款	1 540 000	
应收票据	140 000	
应收账款	566 000	
坏账准备		3 000
其他应收款	4 000	
材料采购	8 200	
原材料	292 200	
周转材料	7 000	
材料成本差异	2 000	
库存商品	916 600	
长期待摊费用	4 000	

续表

总账账户	借方余额	贷方余额
固定资产	15 000 000	
累计折旧		4 400 000
无形资产	698 000	
累计摊销		120 000
短期借款		350 000
应付票据		22 000
应付职工薪酬		
应付利润		
应交税费		38 600
实收资本		11 000 000
资本公积		12 800
盈余公积		132 200
本年利润		3 301 400
利润分配	53 800	
基本生产成本	146 200	
辅助生产成本		
制造费用		
合计	19 380 000	19 380 000

注：为简化核算，不开设损益类的总账账户，也不进行往来账户的明细分类核算。

子任务二　建立明细账并登记账簿

1. 数量金额式明细账。

数量金额式明细账格式适用于既需反映金额，又需反映数量的资产项目，如原材料、周转材料、库存商品等财产物资的明细分类核算。

安徽红星家居有限责任公司 2020 年 8 月初存货结存情况如表 3-2～表 3-5 所示。

表 3-2　"原材料"明细账及其余额（按计划成本）

金额单位：元

二级科目	三级科目	计量单位	数量	单价	金额
木材类	纤维板	张	600	100.00	60 000.00
木材类	刨花板	张	500	40.00	20 000.00
木材类	饰面板	张	200	200.00	40 000.00
木材类	实木板	立方米	20	2 400.00	48 000.00
木材类	木皮	平方米	2 000	16.00	32 000.00
小计					200 000.00
漆胶类	面漆	桶	50	150.00	7 500.00
漆胶类	底漆	桶	100	210.00	21 000.00
漆胶类	木工胶	桶	200	90.00	18 000.00
漆胶类	强力胶	千克	100	80.00	8 000.00
小计					54 500.00
合计					254 500.00

表 3-3　"原材料"明细账及其余额（按实际成本）

金额单位：元

一级科目	明细科目	计量单位	数量	单价	金额
原材料	铰链	个	800	3.00	2 400.00
原材料	拉手	个	1 000	4.00	4 000.00
原材料	双插	个	800	5.00	4 000.00
原材料	抽屉轨道	个	395	20.00	7 900.00
原材料	连接件	个	400	3.50	1 400.00
原材料	零配件	套	1 000	18.00	18 000.00
合计					37 700.00

表 3-4　"周转材料"明细账及其余额（按实际成本）

金额单位：元

二级科目	计量单位	数量	单价	金额
打包机	台	8	400.00	3 200.00
工作服	套	10	180.00	1 800.00
油漆喷枪	台	4	500.00	2 000.00
合计				7 000.00

表 3-5　"库存商品"明细账及其余额（按实际成本）

金额单位：元

二级科目	三级科目	计量单位	数量	单价	金额
桌类家具	写字桌	张	540	300.00	162 000.00
桌类家具	会议条桌	张	800	227.50	182 000.00
桌类家具	会议圆桌	组	30	2 000.00	60 000.00
小计					404 000.00
坐具类家具	靠背椅	把	600	85.00	51 000.00
坐具类家具	长条椅	条	800	220.00	176 000.00
小计					227 000.00
柜类家具	衣柜	组	50	2 180.00	109 000.00
柜类家具	书柜	个	100	506.00	50 600.00
柜类家具	文件柜	个	200	300.00	60 000.00
柜类家具	电视柜	个	220	300.00	66 000.00
小计					285 600.00
合计					916 600.00

2. 多栏式明细账。

多栏式明细账是根据经济业务的特点和经营管理的需要，在一张账页内按有关明细科目或明细项目分设若干专栏，用以在同一张账页上集中反映各有关明细科目或明细项目的核算资料。按明细分类账登记的经济业务不同，多栏式明细分类账页又分为借方多栏、贷方多栏和借贷方多栏三种格式。

本次实训主要练习借方多栏式明细分类账的设置与登记，如"基本生产成本明细账""辅助生产成本明细账"和"制造费用明细账"。账页的格式及8月初余额如表3-6～表3-9所示。学生应根据以下资料开设"基本生产成本明细账""辅助生产成本明细账"和"制造费用明细账"。本月只有一车间和二车间存在月初在产品，需要登记月初在产品成本；其他各车间月初在产品均为零，不必登记月初在产品成本。

（1）基本生产成本明细账格式和各在产品期初成本资料如表3-6、表3-7所示。

表3-6 基本生产成本明细账

产品名称：　　　　　　　　　　　　　　　　　　　　　　　　　　　　　　单位：元

年		摘要	成本项目			合计
月	日		直接材料	直接人工	制造费用	

表3-7 各在产品期初成本资料

单位：元

产品名称		成本项目			合计
		直接材料	直接人工	制造费用	
一车间	写字桌	13 000			13 000
	会议条桌	12 000			12 000
	会议圆桌	19 000			19 000
	靠背椅	10 000			10 000
	长条椅	11 200			11 200
二车间	衣柜	11 000	6 000	8 000	25 000
	书柜	13 000	7 000	7 000	27 000
	文件柜	8 000	3 000	4 000	15 000
	电视柜	7 000	3 000	4 000	14 000
合计		104 200	19 000	23 000	146 200

（2）辅助生产成本明细账按供汽车间和变电车间设置。账页格式如表 3-8 所示。

表 3-8 辅助生产成本明细账

车间名称： 单位：元

年		凭证		摘要	费用项目					合计
月	日	字	号		材料费	人工费	折旧费	水电费	其他	

（3）制造费用明细账按第一车间、第二车间和第三车间设置。账页格式如表 3-9 所示。

表 3-9 制造费用明细账

车间名称： 单位：元

年		凭证		摘要	费用项目					合计
月	日	字	号		材料费	人工费	折旧费	水电费	其他	

3. 材料成本差异明细账。

材料成本差异明细账是一种特种多栏式明细账。由于材料成本差异的计算涉及材料的计划成本、借方成本差异和贷方成本差异，因此，它的账页格式目前尚不统一。下面是材料成本差异明细账的一种常见格式，见表 3-10 和表 3-11。学生应根据以下资料开设材料成本差异明细账。

表 3-10 材料成本差异明细账

材料类别：木材类 单位：元

2020 年		凭证		摘要	本月收入		差异率 /%	本月发出		本月结存		
月	日	字	号		计划成本	成本差异		计划成本	贷方差异	计划成本	借方差异	贷方差异
8	1			月初余额						200 000	2 800	

表 3-11 材料成本差异明细账

材料类别：漆胶类 单位：元

2020 年		凭证		摘要	本月收入		差异率 /%	本月发出		本月结存		
月	日	字	号		计划成本	成本差异		计划成本	贷方差异	计划成本	借方差异	贷方差异
8	1			月初余额						54 500		800

任务四　实训操作要求与指导

子任务一　制订实训操作要求

1. 建账。
2. 根据会计业务发生的先后顺序，填制和审核原始凭证，并根据审核无误的原始凭证逐日逐笔编制记账凭证。
3. 根据记账凭证登记成本费用明细账、存货明细账。为简化核算，不设置日记账和其他明细账。
4. 根据成本核算要求，分别填制各种分配表和成本计算表，并进行账务处理。
5. 按照企业内部控制的要求，每半月汇总一次，编制科目汇总表。
6. 根据科目汇总表登记总分类账户。
7. 对账，达到账账相符。
8. 编制资产负债表及利润表。

子任务二　分发模拟实训物品

给每位学生发放的模拟实训物品清单如表 4-1 所示。

表 4-1　模拟实训物品清单

物品名称	单位	数量	备注
通用记账凭证	张	100	
总账	张	40	
多栏式账页	张	20	生产成本、制造费用明细账
数量金额式账页	张	20	存货类明细账
活页账簿封面	张	1	
活页账簿封底	张	1	
科目汇总表	张	10	
会计凭证的封底	张	2	

续表

物品名称	单位	数量	备注
会计凭证的封面	张	2	
资产负债表	张	4	
利润表	张	4	
账绳	米	1	
装订针	根	1	
大铁夹	个	2	

其他用品：会计科目章、印台、印章、胶水、小剪刀、铅笔、装订机等

子任务三　分配实训教学课时

成本会计实训课时安排如表 4-2 所示。

表 4-2　成本会计实训课时安排表

序号	实验内容	课时数	天数
1	实验动员、发放实验用凭证、账页及有关资料，说明实训要求与考核办法	1 课时	
2	了解实训企业基本情况，全面熟悉和掌握企业生产的工艺流程与生产特点、会计核算流程等	1 课时	0.5 天
3	建账：开设总账账户、明细账户，并登记期初余额	1 课时	
4	填制 1—15 日的原始凭证和记账凭证，并登记明细账	3 课时	0.5 天
5	编制 1—15 日的科目汇总表，并登记总账，装订记账凭证	3 课时	0.5 天
6	填制 16—31 日的原始凭证和记账凭证，并登记明细账	6 课时	1 天
7	月末计算完工产品成本与在产品成本	6 课时	1 天
8	编制 16—31 日的科目汇总表，并登记总账，装订记账凭证	3 课时	0.5 天
9	对账，编制资产负债表、利润表，办理结账工作	3 课时	0.5 天
10	撰写实训报告，上交实训资料，总结评价	3 课时	0.5 天
合计		30 课时	5 天

注：每天按 6 课时计算，实训 1 周（5 天），计 30 课时。

【注意】

　　为了全面考查学生会计核算能力和会计职业判断能力，保证每位学生模拟实训的答案唯一，本实训教材在应收账款、辅助生产成本、销售费用等会计核算主要环节都以"实训号"来决定收入、发出、分配的数量。"实训号"按照学生学号的最后一位数确定，如果学号尾数为"0"，则按"10"计算。例如，某学生的学号为"202001148"，那么该学生以学号的最后一位数"8"作为"实训号"，来乘以一个固定金额计算确定应收账款、辅助生产成本、销售费用等金额。指导教师要严格按照"实训号"来组织会计核算，并及时检查学生实训资料的完整性和真实性。

（一）安徽红星家居有限责任公司 2020 年 8 月份发生业务如下：

8 月 2 日

1. 收到江城红星家具城归还应收账款的转账支票一张，金额 = 学号最后一位数字 ×8 000 元，如果学号最后一位为 0，则按 10 进行计算。学生应根据资料自行填写原始凭证，价款已存入银行（见业务单据 1-1）。

2. 仓库报来收料单（见业务单据 2-1），收到上月购入的刨花板 200 张（注：上月采购刨花板的成本为 8 200 元，价款已付，材料未到）。

3. 二车间领用材料一批（见业务单据 3-1），用于柜类家具生产。领用材料情况如表 5-1 所示。

表 5-1　二车间领用材料汇总表

材料名称	计量单位	产品类别				合计
		衣柜	书柜	文件柜	电视柜	
纤维板	张	300	50	100	50	500
实木板	立方米	3	2	2	1	8
饰面板	张	50	50	50	50	200

4. 业务员赵乐清出差归来报销差旅费 3 000 元（见业务单据 4-1、业务单据 4-2）（注：经查，该同志出差时借支差旅费 4 000 元）。

8 月 3 日

5. 因上月一起经济合同纠纷，企业以银行存款支付诉讼费 2 369 元。见业务单据 5-1～业务单据 5-4。

6. 向黄山木材公司购入纤维板 600 张，每张单价 105 元；实木板 30 立方米，每立方米 2 350 元；另支付代垫运费 3 052 元（运费按材料价值比例分摊）。价款及税款签发商业汇票支付，材料验收入库。见业务单据 6-1～业务单据 6-5。

7. 供汽车间报销 A 材料费用，数量 = 学号最后一位数字，如学号最后一位为 0，则按 10 进行计算；每千克单价 210 元（不含税价）；学生应根据资料自行填写原始凭证（见业务单据 7-1、业务单据 7-2），经审核以现金支付。

8. 一车间领用材料一批（见业务单据8-1），用于桌椅类家具生产。领用材料情况如表5-2所示。

表5-2　一车间领用材料汇总表

材料名称	计量单位	产品类别					合计
		写字桌	会议条桌	会议圆桌	靠背椅	长条椅	
实木板	立方米	2	2	4	2	2	12
刨花板	张	100	100	200	100	100	600
木皮	平方米	200	200	400	200	200	1 200

9. 三车间领用材料一批（见业务单据9-1），用于油漆家具。领用材料情况如表5-3所示。

表5-3　三车间领用材料汇总表

材料名称	计量单位	数量
底漆	桶	90
木工胶	桶	50
强力胶	千克	47

10. 签发现金支票（见业务单据10-1），提取备用金4 800元。

8月4日

11. 销售一批桌椅给安徽商业职业学院，收到价款66 670元存入银行。见业务单据11-1~业务单据11-3。

12. 向上海机械设备股份有限公司购买冷压机一部，价值154 000元，税款20 020元，价税款签发银行承兑汇票支付。设备收到后，交一车间验收并投入安装。见业务单据12-1~业务单据12-3。

13. 一车间领用工作服4套，二车间领用工作服4套，三车间领用工作服2套（提示：采用一次摊销法进行摊销）。见业务单据13-1~业务单据13-3。

8月5日

14. 以现金购买办公用品1 785.40元，当日分发各有关部门。见业务单据14-1~业务单据14-3。

15. 三车间领用油漆喷枪3把（提示：采用一次摊销法进行摊销）。见业务单据15-1。

16. 购买安全帽、手套、口罩等，价款 2 712 元以转账支票支付。所有物品直接交付各生产车间使用。见业务单据 16-1~业务单据 16-3。

8 月 6 日

17. 厂办公室小汽车驾驶员报销汽油费 3 250 元，经审核以转账支票支付。见业务单据 17-1~业务单据 17-4。

18. 以转账支票支付冷压机的运输费 3 379 元。见业务单据 18-1~业务单据 18-4。

19. 冷压机安装完毕，交付一车间使用。见业务单据 19-1。

20. 收到银行转来的自来水公司付款通知，应付水费 10 175 元，经审核予以支付。根据仪表记录分配本月自来水费用。见业务单据 20-1~业务单据 20-5。

21. 收到银行转来的供电公司付款通知，应付电费 29 832 元，经审核予以支付（提示：供电费用全部计入变电车间的"辅助生产成本"账户，月末根据各部门仪表记录分配本月电费）。见业务单据 21-1~业务单据 21-3。

22. 四车间领用材料一批（见业务单据 22-1），用于家具包装。领用材料情况如表 5-4 所示。

表 5-4　四车间领用材料汇总表

材料名称	计量单位	数量
铰链	个	300
拉手	个	600
双插	个	400
抽屉轨道	个	280
连接件	个	400
零配件	套	800

8 月 9 日

23. 接电信公司付款通知，以银行存款支付上月电话费 4 294.60 元，并分配给各单位和部门。见业务单据 23-1~业务单据 23-3。

24. 小汽车驾驶员报销高速公路费 300 元，以现金支付。见业务单据 24-1~业务单据 24-3。

8 月 10 日

25. 根据工资汇总表，本月应付职工薪酬总额为 652 800 元，代扣住房公积金 12% 和代扣社会保险费 10.2% 后，确定实发职工薪酬，填写转账支票，发放工资到职工工资卡中。见业务单据 25-1~业务单据 25-3。

26. 分配工资费用（见业务单据26-1～业务单据26-3）（基本工资计算资料如表5-5所示）。

表5-5　职工工资计算参考信息表

部门名称	明细科目	应付职工薪酬总额
一车间	基本生产成本	124 200.00
二车间	基本生产成本	120 000.00
三车间	基本生产成本	45 000.00
四车间	基本生产成本	26 000.00
供汽车间	辅助生产成本	21 800.00
变电车间	辅助生产成本	34 000.00
一车间	制造费用	48 000.00
二车间	制造费用	20 800.00
三车间	制造费用	12 000.00
四车间	制造费用	11 000.00
行政管理部门		110 000.00
销售部门		80 000.00
合计		652 800.00

27. 按应付职工薪酬总额计提住房公积金（12%）和社会保险费（16%）。见业务单据27-1。

28. 按应付职工薪酬总额计提工会经费（2%）和职工教育经费（8%）。见业务单据28-1。

8月11日

29. 将代扣的和计提的住房公积金156 672元上缴江城市住房公积金管理中心。见业务单据29-1～业务单据29-4。

30. 将计提的工会经费13 056元支付到工会专户。见业务单据30-1～业务单据30-4。

31. 将代扣的和计提的社会保险费171 033.60元上缴江城市税务局。见业务单据31-1、业务单据31-2。

8月12日

32. 支付上月增值税、城市维护建设税及教育费附加等，共计38 600元。见业务单据32-1～业务单据32-3。

33. 销售一批家具给合肥市卫生局，收到银行汇票一张，价款39 550元存入银行。见业务单据33-1～业务单据33-3。

34. 一生产车间木工杨日志在生产过程中因公负伤，以现金支付就医费用 1 150 元（见业务单据 34-1、业务单据 34-2）（提示：因无法区分产品类型，列入"制造费用"账户）。

35. 向开户银行申请一张银行汇票，面值 160 000 元，准备持往外地采购木材。见业务单据 35-1。

8 月 13 日

36. 销售一批家具给江苏省南京福海家具城，收到银行承兑汇票一张，面值 105 090 元。见业务单据 36-1~业务单据 36-3。

37. 销售部报销业务招待费 1 840 元，以现金支付。见业务单据 37-1~业务单据 37-3。

38. 销售一批家具给本市居美家具商城，收到转账支票一张，面值 210 180 元送存银行。见业务单据 38-1~业务单据 38-3。

39. 签发现金支票（见业务单据 39-1），提取备用金 4 000 元。

40. 商业承兑汇票到期，价款 45 500 元收妥存入银行。见业务单据 40-1。

8 月 16 日

41. 向福建啄木鸟板材有限公司购入一批木材，已经验收入库，价款及税款 147 078 元以银行汇票支付，多余款已经存入银行。见业务单据 41-1~业务单据 41-5。

42. 以现金 542.40 元购入卫生工具，并交付各部门使用。见业务单据 42-1~业务单据 42-3。

43. 业务经理王华借支差旅费 2 000 元，以现金支付。见业务单据 43-1。

44. 四车间购买连接件及零配件，价款 49 268 元以转账支票支付。材料已验收入库。见业务单据 44-1~业务单据 44-5。

8 月 17 日

45. 签发现金支票（见业务单据 45-1），提取备用金 7 000 元。

46. 四车间领用材料一批（见业务单据 46-1），用于家具产品包装。领用材料情况如表 5-6 所示。

表 5-6 四车间领用材料汇总表

材料名称	计量单位	数量
铰链	个	400
拉手	个	400
双插	个	400
抽屉轨道	个	115
连接件	个	800
零配件	套	1 000

47. 以现金支付职工防暑降温费 8 200 元。见业务单据 47-1、业务单据 47-2。

48. 以银行存款支付江城市广播电视传媒有限责任公司广告制作佣金 5 300 元。见业务单据 48-1~业务单据 48-4。

8 月 18 日

49. 签发现金支票（见业务单据 49-1），提取备用金 4 000 元。

50. 购买铰链等五金配件，价款 22 859.90 元以转账支票支付。材料已验收入库。见业务单据 50-1~业务单据 50-6。

51. 印制彩色广告传单，印制费以银行存款支付（提示：宣传单每张含税单价 1 元，张数为该学生学号最后一位数 ×10 000，如学号最后一位为 0，则按 10 进行计算。学生应根据计算的金额自行填写原始凭证）。见业务单据 51-1~业务单据 51-4。

8 月 19 日

52. 报销咨询费 2 332 元，经审核以现金支付。见业务单据 52-1~业务单据 52-2。

53. 供汽车间购买维修工具计 183.06 元，经审核以现金支付。见业务单据 53-1、业务单据 53-2。

54. 销售一批家具给安徽工程大学，收到转账支票一张，面值 176 280 元，送存银行。见业务单据 54-1~业务单据 54-3。

8 月 20 日

55. 签发现金支票（见业务单据 55-1），提取备用金 4 000 元。

56. 业务经理王华出差归来，报销差旅费 2 300 元，差额以现金支付。见业务单据 56-1。报销住宿费 636 元，见业务单据 56-2。

57. 销售一批家具给郑州红星美凯龙家具城，商品发出，价款及税款 132 210 元尚未收到。见业务单据 57-1、业务单据 57-2。

8 月 23 日

58. 三车间领用材料一批，用于产品生产。见业务单据 58-1。

59. 购买油漆一批，价款 45 200 元以转账支票支付。材料已经验收入库。见业务单据 59-1~业务单据 59-5。

60. 收到郑州红星美凯龙家具城转来的银行汇票，价款及税款 136 890 元存入银行。见业务单据 60-1。

61. 财务部会计人员参加会计人员继续教育报销费用 720 元，以现金支付。见业务单据 61-1、业务单据 61-2。

62. 四车间购买包装纸盒一批，价款 22 600 元以转账支票支付。材料直接交付四车间领用。见业务单据 62-1~业务单据 62-6。

8月24日

63. 下拨职工食堂伙食经费 4 800 元，以现金支票支付。见业务单据 63-1~业务单据 63-4。

64. 二车间摊销长期待摊费用 1 000 元。见业务单据 64-1。

65. 计提本月固定资产折旧费 137 000 元。见业务单据 65-1。

66. 计提本月"无形资产——商标权"摊销费 5 000 元。见业务单据 66-1。

67. 计提本月借款利息 1 750 元，列入财务费用。同时，收到银行活期存款利息 600 元存入银行。见业务单据 67-1、业务单据 67-2。

8月25日

68. 归集采用计划成本发出的材料成本，计算并分配材料成本差异（保留到小数点后 4 位）。见业务单据 68-1~业务单据 68-5。

69. 归集辅助生产成本，采用直接分配法进行分配（保留到小数点后 4 位）。见业务单据 69-1。

70. 归集一车间的制造费用，采用生产工人工资比例法进行分配（保留到小数点后 4 位）。见业务单据 70-1。

71. 归集二车间的制造费用，采用生产工人工资比例法进行分配（保留到小数点后 4 位）。见业务单据 71-1。

72. 归集三车间的制造费用，直接记入"基本生产成本——三车间"的"制造费用"成本项目中。见业务单据 72-1。

73. 归集四车间的制造费用，直接记入"基本生产成本——四车间"的"制造费用"成本项目中。见业务单据 73-1。

8月26日

74. 归集一车间各产品发生的生产成本，采用在产品按所耗原材料费用计价法计算完工产品成本和月末在产品成本。不进行账务处理，待月末一次转入"库存商品"成本（提示：原材料项目在产品开工时一次投入）。见业务单据 74-1~业务单据 74-5。分配率保留 2 位小数，下同。

75. 归集二车间各产品发生的生产成本，采用约当产量法计算在产品和完工产品成本。不进行账务处理，待月末一次转入"库存商品"成本（提示：原材料项目在产品开工时一次投入，其他项目完工率 50%）。见业务单据 75-1~业务单据 75-4。

76. 归集三车间的基本生产成本，计算完工产品成本。不进行账务处理，待月末一次转入"库存商品"成本。（提示：① 本月第三车间产品全部完工，不必计算在产品成本；② 采用系数法将三车间的总成本分配给不同产品。标准产品为"文件柜"，系数为"1"。）产品分配系数数据如表 5-7 所示。见业务单据 76-1、业务单据 76-2。

表5-7　产品分配系数数据表

部门名称	产品名称	分配系数
一车间	写字桌	0.8
	会议条桌	0.5
	会议圆桌	2.0
	靠背椅	0.4
	长条椅	0.6
二车间	衣柜	2.9
	书柜	1.2
	文件柜	1.0
	电视柜	1.2

77. 归集四车间的基本生产成本，计算完工产品成本。不进行账务处理，待月末一次转入"库存商品"成本。（提示：① 本月四车间产品全部完工，不必计算在产品成本；② 采用系数法将四车间的总成本分配给不同产品。标准产品为"文件柜"，系数为"1"。）产品分配系数数据如表5-7所示。相关凭证见业务单据77-1、业务单据77-2。

8月27日

78. 汇总各车间完工产品成本，计算完工产品总成本和单位成本，并结转到"库存商品"账户（存货单价保留到小数点后2位）。见业务单据78-1~业务单据78-3。

79. 根据"库存商品"各明细账资料，计算并结转本月商品销售成本（加权平均单价保留到小数点后2位）。见业务单据79-1、业务单据79-2。

8月31日

80. 计算并结转本月应交增值税。见业务单据80-1。

81. 计算本月应交城市维护建设税和教育费附加。见业务单据81-1、业务单据81-2。

82. 结转本月收入类账户、支出类账户到"本年利润"账户。见业务单据82-1。

（二）安徽红星家居有限责任公司2020年8月份劳务记录、产量记录等其他资料：

安徽红星家居有限责任公司2020年8月辅助生产车间劳务记录和产量记录如表5-8、表5-9所示。

表5-8　辅助生产车间劳务记录

受益单位	供汽车间 / 立方米	变电车间 / 千瓦时
供汽车间		1 000
变电车间	200	
一车间	420	6 100
二车间	480	5 800
三车间	180	1 600
四车间	120	1 800
管理部门	400	6 700
合计	1 800	23 000

表5-9　产 量 记 录

产品名称	月初在产品	本月投入	本月完工	月末在产品
写字桌	20	400	390	30
会议条桌	30	400	410	20
会议圆桌	10	90	85	15
靠背椅	90	910	960	40
长条椅	30	420	430	20
衣柜	15	115	120	10
书柜	80	200	220	60
文件柜	80	360	400	40
电视柜	80	240	280	40

任务六　填制和审核会计凭证

安徽红星家居有限责任公司 2020 年 8 月份所发生业务的相关凭证列示如下：

业务单据 1-1

中国工商银行 **进账单**（收账通知）　　3

2020 年 8 月 2 日

出票人	全　称	江城红星家具城	收款人	全　称	安徽红星家居有限责任公司
	账　号	1350471210248033155		账　号	1341090251020026888
	开户银行	交行长江路支行		开户银行	工行黄山路支行

| 金额 | 人民币（大写） | 亿 | 千 | 百 | 十 | 万 | 千 | 百 | 十 | 元 | 角 | 分 |
| | | | | | | | | | | | | |

| 票据种类 | 转账支票 | 票据张数 | 1 |
| 票据号码 | | | |

中国工商银行
黄山路支行
2020.8.2
转讫

单位主管　　会计　　　复核　　　记账　　　　　　　收款人开户银行签章

此联是收款人开户银行交给收款人的收账通知

业务单据 2-1

收　料　单

供货单位：　　　　　　　　　　　　　　　　　　凭证编号：№ 00212

材料类别：原材料　　　　　　2020 年 8 月 2 日　　收料仓库：1#材料库

编号	名称	规格	单位	数量		实际成本				计划成本	
				应收	实收	单价	金额	运费	合计	单价	金额
0381	刨花板		张	200	200	39	7 800	400	8 200	40	8 000

主管：　　　　　　记账：　　　　　　仓库保管：陈 实　　　　经办人：

业务单据 3-1

领　料　单

领料单位：二车间　　　　　　2020 年 8 月 2 日　　　　　　凭证编号：No 00862

材料编号	材料名称	计量单位	数量		单价	金额	用途
			请领	实发			
	纤维板	张	500	500			
	实木板	立方米	8	8			
	饰面板	张	200	200			
	合　计						

主管：　　　　　　审批：　　　　　　　　　　领料：王小飞　　　　　发料：赵菊花

业务单据 4-1

差旅费报销单

报销日期：2020 年 8 月 2 日

姓名			赵乐清		出差事由		参加广州交易会						
起程日期和地点			到达日期和地点			交通工具	车船费	出差补助		住宿费	其他费用		金额合计
月	日	地点	月	日	地点			天	金额		摘要	金额	
7	28	江城	7	28	广州	飞机	980.00	4	200.00	636.00	市内车费	80.00	1 896.00
7	31	广州	7	31	江城	飞机	1 084.00				复印费	20.00	1 104.00
合　计							2 064.00		200.00	636.00		100.00	3 000.00
预借金额	4 000.00		报销金额	叁仟元整				应退金额	1 000.00		应补金额		

单据 9 张

负责人签字：周开源　　　　审核人签章：胡子华　　　　　　出差人签章：赵乐清

业务单据 4-2

广东增值税专用发票

发票联

No 002515489

开票日期：2020 年 7 月 31 日

购买方	名　　　称：安徽红星家居有限责任公司 纳税人识别号：91340202743072158M 地址、电话：江城市高新开发区黄山路158号 0553-59481158 开户行及账号：工行黄山路支行 1341090251020026888					密码区	略	
货物或应税劳务、服务名称	规格型号	单位	数量	单价	金额	税率	税额
住宿费					600.00	6%	36.00
合　计					￥600.00		￥36.00
价税合计（大写）　⊗陆佰叁拾陆元整						（小写）　￥636.00		
销售方	名　　　称：广州市速8快捷酒店 纳税人识别号：91440202652145901M 地址、电话：广州市东海路918号 020-81733562 开户行及账号：建行东海路支行 230030487790125					备注	广州市速8快捷酒店 91440202652145901M 发票专用章	

收款人：　　　复核：　　　开票人：赵英超　　销售方：（章）

第三联：发票联 购买方记账凭证

业务单据 5-1

安徽红星家居有限责任公司报销审批单

日期：2020 年 8 月 3 日

部　门	厂办	费用类型	诉讼费								
事　由	经济合同纠纷	付款方式	转账支票								
报销金额	大写：贰仟叁佰陆拾玖元整		百	十	万	千	百	十	元	角	分
					￥	2	3	6	9	0	0
总经理	财务主管	部门领导	出纳				报销人				
周开源	胡子华	朱亚忠	童　敏				李彬彬				

附单据 3 张

业务单据 5-2

法院诉讼收据专用票据（结算）

2020 年 8 月 3 日　　　　　　　　皖法 No 01276023

交款人：安徽红星家居有限责任公司	收款银行
案　由：经济合同纠纷	

负担诉讼费	案件受理费、申请费：￥1 179.00	
	其他诉讼费：￥1 190.00	
	其中：1：执行费	￥470.00
	2：保全费	￥720.00
	3：	

合计（大写）：贰仟叁佰陆拾玖元整　　￥2 369.00

1. 本据用于结算时正式收据。
2. 此联为报销凭证。
3. 盖诉讼收费专用章有效。

诉讼收费专用章

江城市镜湖区人民法院
诉讼收费专用章

财务负责人：　　　　收款人：王开田　　　　经办人：李海英

第三联：交款人联

收据号码

业务单据 5-3

中国工商银行转账支票存根（皖）

BR
02　330011350

附加信息

_____

_____

出票日期：2020 年 8 月 3 日

收款人：江城市镜湖区人民法院
金　额：￥2 369.00
用　途：诉讼费

单位主管：　　　会计：

业务单据 5-4

中国工商银行 **进 账 单**（回单） **1**

2020 年 8 月 3 日

出票人	全 称	安徽红星家居有限责任公司	收款人	全 称	江城市镜湖区人民法院
	账 号	1341090251020026888		账 号	1350102480334712771
	开户银行	工行黄山路支行		开户银行	交行长江路支行

金额	人民币（大写） 贰仟叁佰陆拾玖元整	亿	千	百	十	万	千	百	十	元	角	分
							¥	2	3	6	9	0	0

票据种类	转账支票	票据张数	1	
票据号码	330011350			中国工商银行 黄山路支行 2020.8.3 转讫

单位主管　　会计　　复核　　记账　　　　　　　　　开户银行签章

此联开户银行交给持（出）票人的回单

业务单据 6-1

安徽红星家居有限责任公司报销审批单

日期：2020 年 8 月 3 日

部 门	业务部	费用类型	直接材料费							
事 由	购买木材	付款方式	转账支票							
报销金额	大写：壹拾伍万叁仟玖佰零柒元整		百	十	万	千	百	十	元	角	分
			¥	1	5	3	9	0	7	0	0
总经理	财务主管	部门领导	出纳			报销人				
周开源	胡子华	李潘	童敏			李彬彬				

附单据 4 张

业务单据 6-2

商业承兑汇票 （存根）

3　IX IV34154779
第　号

签发日期　贰零贰零 年 捌 月 零叁 日

收款人	全　称	黄山木材公司		付款人	全　称	安徽红星家居有限责任公司
	账　号	1280231080248099015			账　号	1341090251020026888
	开户银行	工行火车站支行	行号		开户银行	工行黄山路支行　行号

出票金额	人民币（大写）　壹拾伍万叁仟玖佰零柒元整	千	百	十	万	千	百	十	元	角	分
			¥	1	5	3	9	0	7	0	0

汇票到期日	贰零贰零年壹拾贰月零叁日	交易合同号	46612

备注：本汇票已经本单位承兑，到期日无条件支付票款。

付款人签章
2020 年 8 月 3 日

汇票签发人盖章
负责　　　经办

负责　　经办

此联出票人存查

业务单据 6-3

收料单

供货单位：
材料类别：原材料

2020 年 8 月 3 日

凭证编号：No 00213
收料仓库：1#材料库

编号	名称	规格	单位	数量		实际成本				计划成本	
				应收	实收	单价	金额	运费	合计	单价	金额
	纤维板		张	600	600						
	实木板		立方米	30	30						

主管：　　　记账：　　　仓库保管：陈 实　　　经办人：胡日查

业务单据 6-4

安徽增值税专用发票

发票联

No 00485311

开票日期：2020 年 8 月 3 日

购买方	名　　　称：安徽红星家居有限责任公司							密码区	略
	纳税人识别号：91340202743072158M								
	地 址、电 话：江城市高新开发区黄山路158号 0553-59481158								
	开户行及账号：工行黄山路支行 1341090251020026888								

货物或应税劳务、服务名称	规格型号	单位	数量	单价	金额	税率	税额
纤维板		张	600	105.00	63 000.00	13%	8 190.00
实木板		立方米	30	2 350.00	70 500.00	13%	9 165.00
合　计					￥133 500.00		￥17 355.00

价税合计（大写）	⊗壹拾伍万零捌佰伍拾伍元整	（小写）￥150 855.00

销售方	名　　　称：黄山木材公司	备注	黄山木材公司 91340206055160888M 发票专用章
	纳税人识别号：91340206055160888M		
	地 址、电 话：黄山市屯溪路108号 0559-65848488		
	开户行及账号：工行火车站支行 1280231080248099015		

收款人：古芸芸　　　复核：谢三运　　　开票人：周一平　　　销售方：（章）

业务单据 6-5

安徽增值税专用发票

发票联

No 003731624

开票日期：2020 年 8 月 3 日

购买方	名　　　称：安徽红星家居有限责任公司							密码区	略
	纳税人识别号：91340202743072158M								
	地 址、电 话：江城市高新开发区黄山路158号 0553-59481158								
	开户行及账号：工行黄山路支行 1341090251020026888								

货物或应税劳务、服务名称	规格型号	单位	数量	单价	金额	税率	税额
运输费					2 800.00	9%	252.00
合　计					￥2 800.00		￥252.00

价税合计（大写）	⊗ 叁仟零伍拾贰元整	（小写）￥3 052.00

销售方	名　　　称：一帆运输有限责任公司	备注	一帆运输有限责任公司 91340202167323155M 发票专用章
	纳税人识别号：91340202167323155M		
	地 址、电 话：江城市长春路1258号 0553-58346623		
	开户行及账号：交行长春路支行 12804809915231080 2		

收款人：张大伟　　　复核：陈志刚　　　开票人：周亚平　　　销售方：（章）

业务单据 7-1

安徽红星家居有限责任公司报销审批单

日期：2020 年 8 月 3 日

部　门	供汽车间	费用类型	材料费
事　由	购买A材料	付款方式	现金

报销金额	大写：	百	十	万	千	百	十	元	角	分

总经理	财务主管	部门领导	出纳	报销人
周开源	胡子华	潘 虹	童 敏	李玉华

附单据 1 张

业务单据 7-2

安徽增值税专用发票

发票联

№ 003731624

开票日期：2020 年 8 月 3 日

购买方	名　　称：安徽红星家居有限责任公司 纳税人识别号：91340202743072158M 地址、电话：江城市高新开发区黄山路158号 0553-59481158 开户行及账号：工行黄山路支行 1341090251020026888	密码区	略

货物或应税劳务、服务名称	规格型号	单位	数量	单价	金额	税率	税额
A材料						13%	
合　计							
价税合计（大写）					（小写）		

销售方	名　　称：江城市丰源贸易有限公司 纳税人识别号：91340202151023409M 地址、电话：江城市南湖路32号 0553-58243092 开户行及账号：工行南湖路支行 480991523128080210	备注	江城市丰源贸易有限公司 91340202151023409M 发票专用章

收款人：杨周娜　　　复核：何一鸣　　　开票人：李大福　　　销售方：（章）

第三联：发票联 购买方记账凭证

业务单据 8-1

领 料 单

领料单位：一车间　　　　　　　2020 年 8 月 3 日　　　　　　　凭证编号：No 00863

材料编号	材料名称	计量单位	数量		单价	金额	用途
			请领	实发			
	实木板	立方米	12	12			
	刨花板	张	600	600			
	木皮	平方米	1 200	1 200			
	合　计						

主管：　　　　　　审批：　　　　　　　　　　领料：天　亮　　　　发料：赵菊花

业务单据 9-1

领 料 单

领料单位：三车间　　　　　　　2020 年 8 月 3 日　　　　　　　凭证编号：No 00864

材料编号	材料名称	计量单位	数量		单价	金额	用途
			请领	实发			
	底漆	桶	90	90			
	木工胶	桶	50	50			
	强力胶	千克	47	47			
	合　计						

主管：　　　　　　审批：　　　　　　　　　　领料：李向明　　　　发料：赵菊花

业务单据 10-1

中国工商银行现金支票存根（皖）

BC
02　120458110

附加信息

出票日期：2020 年 8 月 3 日

收款人：红星家居公司

金　额：￥4 800.00

用　途：备用金

单位主管：　　　会计：

业务单据 11-1

ICBC 中国工商银行 **进 账 单**（收账通知） **3**

2020 年 8 月 4 日

出票人	全　称	安徽商业职业学院	收款人	全　称	安徽红星家居有限责任公司
	账　号	1370261090247055252		账　号	1341090251020026888
	开户银行	交行利民路支行		开户银行	工行黄山路支行

金额	人民币（大写）陆万陆仟陆佰柒拾元整	亿	千	百	十	万	千	百	十	元	角	分
					￥	6	6	6	7	0	0	0

票据种类	转账支票	票据张数	1
票据号码			

中国工商银行
黄山路支行
2020.8.4
转 讫

单位主管　会计　　复核　　记账　　　　　　　　开户银行签章

此联是收款人开户银行交给收款人的收账通知

业务单据 11-2

产 品 出 库 单

仓库：2#仓库　　　　　　2020 年 8 月 4 日　　　　　　编号：117001

编号	名称	规格	单位	数量 应发	数量 实发	单价	金额	备注
	靠背椅		把	150	150			
	会议圆桌		组	10	10			
	合　计							

主管：　　　　记账：　　　　仓库保管：魏　莉　　　经办人：郑晓宇

二 记账联

业务单据 11-3

安徽增值税普通发票

国家税务总局监制

No 10225083

开票日期：2020 年 8 月 4 日

购买方	名　　称：安徽商业职业学院 纳税人识别号：12340000485124537E 地址、电话：江城市高教园区文昌路108号　0553-69811779 开户行及账号：交行利民路支行 1370261090247055252	密码区	略

货物或应税劳务、服务名称	规格型号	单位	数量	单价	金额	税率	税额
会议圆桌		组	10	3 800.00	38 000.00	13%	4 940.00
靠背椅		把	150	140.00	21 000.00	13%	2 730.00
合　计					￥59 000.00		￥7 670.00

价税合计（大写）　⊗陆万陆仟陆佰柒拾元整　　　（小写）￥66 670.00

销售方	名　　称：安徽红星家居有限责任公司 纳税人识别号：91340202743072158M 地址、电话：江城市高新开发区黄山路158号　0553-59481158 开户行及账号：工行黄山路支行 1341090251020026888	备注	安徽红星家居有限责任公司 91340202743072158M 发票专用章

收款人：陶晶晶　　　复核：王志华　　　开票人：袁大伟　　　销售方：（章）

第一联：记账联 销售方记账凭证

业务单据12-1

安徽红星家居有限责任公司报销审批单

日期：2020 年 8 月 4 日

部　门	一车间		费用类型	设备购置费									附单据2张
事　由	购买冷压机		付款方式	银行承兑汇票									
报销金额	大写：壹拾柒万肆仟零贰拾元整			百	十	万	千	百	十	元	角	分	
				¥	1	7	4	0	2	0	0	0	
总经理	财务主管	部门领导		出纳			报销人						
周开源	胡子华	李明亮		童　敏			李玉华						

- -

业务单据12-2

银行承兑汇票（存根）

3　IX IV 00154010

签发日期　贰零贰零 年 零捌 月 零肆 日　第 号

出票人全称	安徽红星家居有限责任公司	收款人	全　称	上海机械设备股份有限公司									
出票人账号	1341090251020026888		账　号	1341021033022211515									
付款行全称	工行黄山路支行		开户银行	工行淮海路支行									
出票金额	人民币（大写）壹拾柒万肆仟零贰拾元整			千	百	十	万	千	百	十	元	角	分
					¥	1	7	4	0	2	0	0	0
汇票到期日（大写）	贰零贰零年零贰月零肆日		付款行	行号	1802								
承兑协议号				地址	江城市高新开发区黄山路68号								

本汇票请你行承兑，到期日无条件付款。

出票人签章

本汇票已经承兑，到期日由本行付款。

承兑日期　　年　月　日

此联出票人存查

业务单据 12-3

上海增值税专用发票

发票联

№ 00547320

开票日期：2020 年 8 月 4 日

购买方	名　　　　称：安徽红星家居有限责任公司 纳税人识别号：91340202743072158M 地　址、电话：江城市高新开发区黄山路158号 0553-59481158 开户行及账号：工行黄山路支行 1341090251020026888	密码区	略

货物或应税劳务、服务名称	规格型号	单位	数量	单价	金额	税率	税额
冷压机		台	1	154 000.00	154 000.00	13%	20 020.00
合　计					¥154 000.00		¥ 20 020.00

价税合计（大写）	⊗壹拾柒万肆仟零贰拾元整	（小写） ¥174 020.00

销售方	名　　　　称：上海机械设备股份有限公司 纳税人识别号：91310227775779371M 地　址、电话：上海市闵行区淮海路145号 021-65770757 开户行及账号：工行淮海路支行 1341021033022211515	备注	上海机械设备股份有限公司 91310227775779371M 发票专用章

收款人：李慧菊　　　　复核：晓 雪　　　　开票人：王启焜　　　　销售方：（章）

第三联：发票联 购买方记账凭证

业务单据 13-1

领 料 单

领料单位：一车间　　　　　2020 年 8 月 4 日　　　　　凭证编号：№ 00865

材料编号	材料名称	计量单位	数量		单价	金额	用途
			请领	实发			
	工作服	套	4	4			劳动保护
	合　计						

主管：　　　　审批：刘 佳　　　　领料：伍小雨　　　　发料：赵菊花

业务单据 13-2

领 料 单

领料单位：二车间　　　　　　　2020 年 8 月 4 日　　　　　　　凭证编号：No 00866

材料编号	材料名称	计量单位	数量		单价	金额	用途
			请领	实发			
	工作服	套	4	4			劳动保护
	合　计						

主管：　　　　审批：刘　佳　　　　　　领料：伍小雨　　　　发料：赵菊花

业务单据 13-3

领 料 单

领料单位：三车间　　　　　　　2020 年 8 月 4 日　　　　　　　凭证编号：No 00867

材料编号	材料名称	计量单位	数量		单价 ·	金额	用途
			请领	实发			
	工作服	套	2	· 2			劳动保护
	合　计						

主管：　　　　审批：刘　佳　　　　　　领料：伍小雨　　　　发料：赵菊花

业务单据 14-1

安徽红星家居有限责任公司费用报销审批单

日期：2020 年 8 月5日

部　门	后勤部	费用类型	办公费									附单据
事　由	购买办公用品	付款方式	现金									
报销金额	大写：壹仟柒佰捌拾伍元肆角整		百	十	万	千	百	十	元	角	分	1
					¥	1	7	8	5	4	0	张
总经理	财务主管		部门领导		出纳				报销人			
周开源	胡子华		章大维		童　敏				李玉华			

业务单据 14-2

安徽增值税专用发票

发票联

No 003731729

开票日期：2020 年 8 月 5 日

购买方		
名　　　称：安徽红星家居有限责任公司		
纳税人识别号：91340202743072158M		密码区　　略
地　址、电　话：江城市高新开发区黄山路158号 0553-59481158		
开户行及账号：工行黄山路支行 1341090251020026888		

货物或应税劳务、服务名称	规格型号	单位	数量	单价	金额	税率	税额
复印纸	A4	包	30	20.00	600.00	13%	78.00
签字笔		盒	20	24.00	480.00	13%	62.40
圆珠笔		盒	20	25.00	500.00	13%	65.00
合　计					¥ 1 580.00		¥ 205.40

价税合计（大写）　⊗壹仟柒佰捌拾伍元肆角整　　　　（小写）　¥ 1 785.40

销售方		
名　　　称：江城市丰源贸易有限公司		
纳税人识别号：91340202151023409M		备注
地　址、电　话：江城市南湖路32号 0553-58243092		
开户行及账号：工行南湖路支行 480991523128080210		

收款人：杨周娜　　　复核：何一鸣　　　开票人：李大福　　　销售方：（章）

第三联：发票联 购买方记账凭证

业务单据 14-3

发料汇总表

2020 年 8 月 5 日

部门或项目	复印纸		签字笔		圆珠笔		合计/元
	数量/包	金额/元	数量/盒	金额/元	数量/盒	金额/元	
行政部门	16	320.00	8	192.00	8	200.00	712.00
销售部	4	80.00	2	48.00	2	50.00	178.00
一车间	2	40.00	2	48.00	2	50.00	138.00
二车间	2	40.00	2	48.00	2	50.00	138.00
三车间	2	40.00	2	48.00	2	50.00	138.00
四车间	2	40.00	2	48.00	2	50.00	138.00
供汽车间	1	20.00	1	24.00	1	25.00	69.00
变电车间	1	20.00	1	24.00	1	25.00	69.00
合　计	30	600.00	20	480.00	20	500.00	1 580.00

财务主管：　　　　　复核：　　　　　制单人：李必成

业务单据 15-1

领 料 单

领料单位：三车间　　　　　　2020 年 8 月 5 日　　　　　　凭证编号：№ 00868

材料编号	材料名称	计量单位	数量		单价	金额	用途
			请领	实发			
	油漆喷枪	把	3	3			用于家具喷漆
	合　计						

主管：　　　　　　审批：　　　　　　　　领料：李向明　　　　发料：赵菊花

业务单据 16-1

安徽红星家居有限责任公司费用报销审批单

日期：2020 年 8 月 5 日

部　门	后勤部		费用类型	劳动保护费								附单据1张
事　由	购买劳保用品		付款方式	转账支票								
报销金额	大写：贰仟柒佰壹拾贰元整			百	十	万	千	百	十	元	角 分	
							¥ 2	7	1	2	0 0	
总经理	财务主管		部门领导		出纳			报销人				
周开源	胡子华		章大维		童　敏			李玉华				

业务单据 16-2

安徽增值税专用发票

发票联

No 003731729

开票日期：2020 年 8 月 5 日

购买方	名　　称：安徽红星家居有限责任公司 纳税人识别号：91340202743072158M 地址、电话：江城市高新开发区黄山路158号 0553-59481158 开户行及账号：工行黄山路支行 1341090251020026888	密码区	略

货物或应税劳务、服务名称	规格型号	单位	数量	单价	金额	税率	税额
安全帽		个	60	20.00	1 200.00	13%	156.00
手套		副	150	4.00	600.00	13%	78.00
口罩		个	300	2.00	600.00	13%	78.00
合　计					¥2 400.00		¥312.00

价税合计（大写）	⊗贰仟柒佰壹拾贰元整	（小写）　¥2 712.00

销售方	名　　称：江城市丰源贸易有限公司 纳税人识别号：91340202151023409M 地址、电话：江城市南湖路32号 0553-58243092 开户行及账号：工行南湖路支行 480991523128080210	备注	江城市丰源贸易有限公司 91340202151023409M 发票专用章

收款人：杨周娜　　　复核：何一鸣　　　开票人：李大福　　　销售方：（章）

第三联：发票联 购买方记账凭证

业务单据 16-3

发料汇总表

2020 年 8 月 5 日

部门或项目	手套		口罩		安全帽		合计/元
	数量/副	金额/元	数量/个	金额/元	数量/个	金额/元	
一车间	30	120.00	60	120.00	15	300.00	540.00
二车间	30	120.00	60	120.00	15	300.00	540.00
三车间	30	120.00	60	120.00	15	300.00	540.00
四车间	30	120.00	60	120.00	15	300.00	540.00
供汽车间	15	60.00	30	60.00			120.00
变电车间	15	60.00	30	60.00			120.00
合　计	150	600.00	300	600.00	60	1 200.00	2 400.00

财务主管：　　　　　复核：　　　　　制单人：李必成

业务单据 17-1

安徽红星家居有限责任公司费用报销审批单

日期：2020 年 8 月 6 日

部　门	后勤部		费用类型	汽油费								
事　由	小汽车加油		付款方式	转账支票								
报销金额	大写：叁仟贰佰伍拾元整			百	十	万	千	百	十	元	角	分
						¥	3	2	5	0	0	0
总经理	财务主管		部门领导		出纳				报销人			
周开源	胡子华		章大维		童　敏				李玉华			

附单据 3 张

业务单据 17-2

ICBC	中国工商银行 **进账单**（回单）	1

2020 年 8 月 6 日

出票人	全　称	安徽红星家居有限责任公司	收款人	全　称	江城石油公司长江路加油站
	账　号	1341090251020026888		账　号	13402021673224955
	开户银行	工行黄山路支行		开户银行	交行长江路支行

金额	人民币（大写）叁仟贰佰伍拾元整	亿	千	百	十	万	千	百	十	元	角	分
						¥	3	2	5	0	0	0

票据种类	转账支票	票据张数	1
票据号码	330011351		

中国工商银行
黄山路支行
2020.8.6
转
讫

单位主管　会计　　复核　　记账　　　　　　　　　　开户银行签章

此联开户银行交给持（出）票人的回单

业务单据 17-3

中国工商银行转账支票存根（皖）

BR
02 330011351

附加信息

_____

_____

出票日期：2020 年 8 月 6 日

收款人：	江城石油公司长江路加油站
金　额：	￥3 250.00
用　途：	汽油费

单位主管：　　　会计：

业务单据 17-4

安徽增值税专用发票

发票联

No 00850616

开票日期：2020 年 8 月 6 日

购买方	名　　称：安徽红星家居有限责任公司 纳税人识别号：91340202743072158M 地址、电话：江城市高新开发区黄山路158号 0553-59481158 开户行及账号：工行黄山路支行 1341090251020026888	密码区	略		
货物或应税劳务、服务名称	规格型号	单位	数量	单价	金额	税率	税额

货物或应税劳务、服务名称	规格型号	单位	数量	单价	金额	税率	税额
汽油	93#	升	470	6.12	2 876.11	13%	373.89
合　计					￥2 876.11		￥373.89

价税合计（大写）	⊗叁仟贰佰伍拾元整	（小写）￥3 250.00

销售方	名　　称：江城石油公司长江路加油站 纳税人识别号：91340202167324955M 地址、电话：江城市长江路415号 0553-62334758 开户行及账号：交行长江路支行 13402021673224955	备注	江城石油公司长江路加油站 91340202167324955M 发票专用章

收款人：刘大宝　　复核：王洪亮　　开票人：段芝贵　　销售方：（章）

第三联：发票联 购买方记账凭证

业务单据 18-1

安徽红星家居有限责任公司费用报销审批单

日期：2020 年 8 月 6 日

部　门	一车间		费用类型	设备运输费							
事　由	购买冷压机运输费		付款方式	转账支票							
报销金额	大写：叁仟叁佰柒拾玖元整			百	十	万	千	百	十	元	角	分
						¥	3	3	7	9	0	0
总经理	财务主管	部门领导	出纳		报销人
周开源	胡子华	李明亮	童敏		张华

附单据 2 张

业务单据 18-2

上海增值税专用发票

发票联

No 004131678

开票日期：2020 年 8 月 5 日

购买方	名　称：安徽红星家居有限责任公司 纳税人识别号：91340202743072158M 地址、电话：江城市高新开发区黄山路158号　0553-59481158 开户行及账号：工行黄山路支行　1341090251020026888	密码区	略

货物或应税劳务、服务名称	规格型号	单位	数量	单价	金额	税率	税额
运输费					3 100.00	9%	279.00
合　计					¥ 3 100.00		¥ 279.00
价税合计（大写）	⊗叁仟叁佰柒拾玖元整				（小写）　¥ 3 379.00		

销售方	名　称：上海运泰运输有限公司 纳税人识别号：91310207216323344M 地址、电话：上海市金陵路22号　021-56308364 开户行及账号：建行金陵路支行　1310205167323145	备注	上海运泰运输有限公司 91310207216323344M 发票专用章

收款人：蒋一星　　复核：蒲志伟　　开票人：王开元　　销售方：（章）

第三联：发票联　购买方记账凭证

业务单据 18-3

中国工商银行转账支票存根（皖）

BR 02 330011352

附加信息
_____
_____
_____

出票日期：2020 年 8 月 6 日

收款人：上海运泰运输有限公司	
金　额：￥3 379.00	
用　途：设备运输费	

单位主管：　　会计：

✂ - ✂

业务单据 18-4

ICBC 🏛 中国工商银行 **进 账 单**（回单） **1**

2020 年 8 月 6 日

出票人	全　称	安徽红星家居有限责任公司	收款人	全　称	上海运泰运输有限公司											
	账　号	13410902510200226888		账　号	1310205167323145											
	开户银行	工行黄山路支行		开户银行	建行金陵路支行											

金额	人民币（大写）　叁仟叁佰柒拾玖元整		亿	千	百	十	万	千	百	十	元	角	分
								￥	3	3	7	9	0	0

票据种类	转账支票	票据张数	1	
票据号码	330011352			

中国工商银行
黄山路支行
2020.8.6
转讫

单位主管　会计　　复核　　记账　　　　　　　　　开户银行签章

此联开户银行交给持（出）票人的回单

业务单据 19-1

固定资产验收单

2020 年 8 月 6 日　　　　　　　　　　　编号：No 1308

名称	规格型号	来源	数量	购（造）价	使用年限	预计净残值率	折旧方法
冷压机		外购	1	157 100.00	5	4%	工作量法
备注							

验收部门：第一车间　　　　　验收人员：刘　佳　　　　　设备管理员：朱燕燕

业务单据 20-1

安徽红星家居有限责任公司费用报销审批单

日期：2020 年 8 月 6 日

部　门	后勤部		费用类型	水费								
事　由	支付自来水费用		付款方式	委托收款								
报销金额	大写：壹万零壹佰柒拾伍元整			百	十	万	千	百	十	元	角	分
					¥	1	0	1	7	5	0	0
总经理	财务主管		部门领导		出纳			报销人				
周开源	胡子华		章大维		童　敏			李玉华				

附单据 3 张

业务单据 20-2

安徽增值税专用发票

发票联

No 00525126

开票日期：2020 年 8 月 5 日

购买方	名　　　称：安徽红星家居有限责任公司
	纳税人识别号：91340202743072158M
	地址、电话：江城市高新开发区黄山路158号 0553-59481158
	开户行及账号：工行黄山路支行 1341090251020026888

密码区　　略

第三联：发票联　购买方记账凭证

货物或应税劳务、服务名称	规格型号	单位	数量	单价	金额	税率	税额
水费		立方米	2 500	3.00	7 500.00	9%	675.00
合　计					￥7 500.00		￥675.00

价税合计（大写）	⊗捌仟壹佰柒拾伍元整	（小写）￥8 175.00

销售方	名　　　称：江城市自来水公司
	纳税人识别号：91340202001323155M
	地址、电话：江城市长江路228号 0553-33365478
	开户行及账号：工行长江路支行 1280231080247111833

备注

江城市自来水公司
91340202001323155M
发票专用章

收款人：刘治国　　　复核：童云英　　　开票人：杨怀志　　　销售方：（章）

业务单据 20-3

安徽省国家税务局通用机打发票

发票联

发票代码：13400122120
发票代码：№05736073

开票时间：2020 年 8 月 5 日　　　　行业分类：工业

用户名称	安徽红星家居有限责任公司	用户编号	92200172	缴费方式	
表位地址		供水所	长江所	委托收款	
上期示度	8 500	本期示度	11 000	实用水量	2 500

用户分类	自来水费			代征污水费		代征垃圾费	
	吨数	单价	金额	吨数	金额	吨数	金额
工业用水	2 500	—	—	2 500	1 250.00	2 500	750.00

结算金额（大写）	贰仟元整		￥2 000.00			
违约金		上期余额	0	本期余额	0	实缴金额	2 000.00

开票号：137　　　结算周期：2020-7-5至2020-8-4　　　开票柜台 长江所

税控装置打印发票 手写无效

业务单据 20-4

中国工商银行托收凭证 （付款通知） 5

委托日期 2020 年 8 月 4 日

									付款期限		2020 年 8 月 8 日				

业务类型	委托收款 （☑邮划、□电划）			托收承付 （□邮划、□电划）										

付款人	全称	安徽红星家居有限责任公司			收款人	全称	江城市自来水公司								
	账号	1341090251020026888				账号	12802310802471111833								
	地址	安徽 省 江城 市县 开户行 工行黄山路支行				地址	安徽 省 江城 市县 开户行 工行长江路支行								

金额	人民币（大写）壹万零壹佰柒拾伍元整	亿	千	百	十	万	千	百	十	元	角	分
					￥	1	0	1	7	5	0	0

款项内容	水费	托收凭据名称	增值税专用发票	附寄单证张数	2

商品发运情况		合同名称号码	

备注：
付款人开户银行收款日期

　　　　年　　月　　日
复核　　　　记账

中国工商银行
黄山路支行
2020.8.6
转讫
付款人开户银行签章
2020 年 8 月 6 日

付款人注意：
1. 根据支付结算办法，上列委托收款（托收承付）款项在付款期限内未提出拒付，即视同同意付款，以此代付款通知。
2. 如需提出全部或部分拒付，应在规定期限内，将拒付理由书并附债务证明退交开户银行。

此联为付款人开户银行给付款人按期付款通知

业务单据 20-5

用水分配表

2020 年 8 月 6 日

使用部门	分配率	耗水量/吨	金额/元
一车间		300	
二车间		280	
三车间		250	
四车间		250	
供汽车间		180	
供电车间		190	
行政部门		1 050	
合　计		2 500	

财务主管：　　　　　　审核：　　　　　　制单：陶 明

业务单据 21-1

安徽红星家居有限责任公司报销审批单

日期：2020 年 8 月 6 日

部　门	后勤部		费用类型	电费						
事　由	支付供电公司电费		付款方式	委托收款						
报销金额	大写：贰万玖仟捌佰叁拾贰元整			百	十	万	千	百	十	元	角	分
					￥	2	9	8	3	2	0	0
总经理	财务主管	部门领导		出纳		报销人				
周开源	胡子华	章大维		童　敏		李玉华				

附单据 2 张

业务单据 21-2

安徽增值税专用发票

发票联

No 00021578

开票日期：2020 年 8 月 6 日

第三联：发票联　购货方记账凭证

购买方	名　　称：安徽红星家居有限责任公司 纳税人识别号：91340202743072158M 地　址、电话：江城市高新开发区黄山路158号 0553-59481158 开户行及账号：工行黄山路支行 1341090251020026888	密码区	略

货物或应税劳务、服务名称	规格型号	单位	数量	单价	金额	税率	税额
电费		千瓦时	22 000	1.20	26 400.00	13%	3 432.00
合　计					￥26 400.00		￥3 432.00

价税合计（大写）　⊗贰万玖仟捌佰叁拾贰元整　　　　（小写）￥29 832.00

销售方	名　　称：江城市供电总公司 纳税人识别号：91340202151023411M 地　址、电话：江城市文化路305号 0553-40715317 开户行及账号：工行文化路支行 1280231080249102709	备注	江城市供电总公司 91340202151023411M 发票专用章

收款人：夏思青　　　复核：周云云　　　开票人：成昆群　　　销售方：（章）

业务单据 21-3

中国工商银行托收凭证 （付款通知）

5

委托日期 2020 年 8 月 5 日

付款期限	2020 年 8 月 8 日

业务类型	委托收款 （☑邮划、□电划）							托收承付 （□邮划、□电划）								
付款人	全称	安徽红星家居有限责任公司					收款人	全称	江城市供电总公司							
	账号	1341090251020026888						账号	1280231080249102709							
	地址	安徽 省 江城 市县 开户行 工行黄山路支行						地址	安徽 省 江城 市县 开户行 工行文化路支行							
金额	人民币（大写）贰万玖仟捌佰叁拾贰元整							亿	千	百	十	万	千	百	十 元	角 分
											￥2	9	8	3 2	0 0
款项内容	电费		托收凭据名称	增值税专用发票		附寄单证张数			1							
商品发运情况			合同名称号码												
备注： 付款人开户银行收款日期 年 月 日 复核 记账				付款人开户银行签章 2020 年 8 月 6 日	付款人注意： 1. 根据支付结算办法，上列委托收款（托收承付）款项在付款期限内未提出拒付，即视为同意付款，以此代付款通知。 2. 如需提出全部或部分拒付，应在规定期限内，将拒付理由书并附债务证明退交开户银行。										

中国工商银行 黄山路支行 2020.8.6 转讫

此联为付款人开户银行给付款人按期付款通知

业务单据 22-1

领 料 单

领料单位：第四车间 　　　　2020 年 8 月 6 日 　　　　凭证编号：No 00869

材料编号	材料名称	计量单位	数量		单价	金额	用途
			请领	实发			
	铰链	个	300	300			产品包装用
	拉手	个	600	600			
	双插	个	400	400			
	抽屉轨道	个	280	280			
	连接件	个	400	400			
	零配件	套	800	800			
	合 计						

主管： 　　　审批： 　　　　　　　　领料：伍小雨 　　　发料：赵菊花

业务单据 23-1

安徽红星家居有限责任公司费用报销审批单

日期：2020 年 8 月 9 日

部　门	后勤部	费用类型	电话费								
事　由	支付电信公司电话费	付款方式	委托收款								
报销金额	大写：肆仟贰佰玖拾肆元陆角整	百	十	万	千	百	十	元	角	分
				¥	4	2	9	4	6	0

总经理	财务主管	部门领导	出纳	报销人
周开源	胡子华	章大维	童敏	李玉华

附单据 2 张

业务单据 23-2

安徽增值税专用发票

统一发票监制

安徽　税务总局

发票联

No 008243731

开票日期：2020 年 8 月 9 日

购买方	名　称：安徽红星家居有限责任公司 纳税人识别号：91340202743072158M 地址、电话：江城市高新开发区黄山路158号 0553-59481158 开户行及账号：工行黄山路支行 1341090251020026888	密码区	略

货物或应税劳务、服务名称	规格型号	单位	数量	单价	金额	税率	税额
电信基础服务					3 940.00	9%	354.60
合　计					¥3 940.00		¥354.60

价税合计（大写）	⊗肆仟贰佰玖拾肆元陆角整	（小写）　¥4 294.60

销售方	名　称：中国电信江城分公司 纳税人识别号：91340202151023119M 地址、电话：江城市中山路518号 0553-82346335 开户行及账号：工行中山路支行 487790002303125	备注	中国电信江城分公司 91340202151023119M 发票专用章

收款人：李科伟　　复核：周大生　　开票人：刘兰芝　　销售方：（章）

第三联：发票联　购买方记账凭证

业务单据 23-3

电话费用分配表

2020 年 8 月 9 日

使用部门	金额 / 元
一车间	350.00
二车间	320.00
三车间	340.00
四车间	190.00
供汽车间	180.00
变电车间	180.00
销售部	580.00
行政部门	1 800.00
合　计	3 940.00

财务主管：　　　　　　审核：　　　　　　制单：陶　明

业务单据 24-1

安徽红星家居有限责任公司费用报销审批单

日期：2020 年 8 月 9 日

部　门	后勤部		费用类型	高速公路费									附单据2张
事　由	高速公路费用		付款方式	现金									
报销金额	大写：叁佰元整			百	十	万	千	百	十	元	角	分	
							¥	3	0	0	0	0	
总经理	财务主管	部门领导		出纳		报销人							
周开源	胡子华	章大维		童　敏		李玉华							

业务单据 24-2

安徽高速公路
车辆通行费发票

发票代码：231001370407

发票号码：60735688

站址： 江城

时间： 2020年8月6日

工号： 004　　　　车型：

金额： 150.00　　　　重量：

大写： 壹佰伍拾元整

税务登记证号：91340202152357701M

安徽高速公路有限责任公司
913402021 52357701M
发票专用章

业务单据 24-3

京沪高速公路
车辆通行费发票

发票代码：251331480802

发票号码：60735688

站址： 上海

时间： 2020年8月8日

工号： 006　　　　车型：

金额： 150.00　　　　重量：

大写： 壹佰伍拾元整

税务登记证号：91342500152396602M

京沪高速公路有限责任公司
91342500152396602M
发票专用章

业务单据 25-1

安徽红星家居有限责任公司费用报销审批单

日期：2020 年 8 月 10 日

部　门	财务部	费用类型			职工薪酬							
事　由	发放工资	付款方式			转账支票							
报销金额	大写：伍拾万柒仟捌佰柒拾捌元肆角整	百	十	万	千	百	十	元	角	分
		¥	5	0	7	8	7	8	4	0
总经理	财务主管	部门领导			出纳			报销人			
周开源	胡子华				童敏			李玉华			

附单据 2 张

业务单据 25-2

ICBC 田		中国工商银行 进 账 单 （回单）			1

2020 年 8 月 10 日

出票人	全　称	安徽红星家居有限责任公司	收款人	全　称	单位职工
	账　号	13410902510200226888		账　号	见附件
	开户银行	工行黄山路支行		开户银行	工行黄山路支行

金额	人民币（大写）　伍拾万柒仟捌佰柒拾捌元肆角整	亿	千	百	十	万	千	百	十	元	角	分
					¥	5	0	7	8	7	8	4	0

票据种类	转账支票	票据张数	1
票据号码	330011353		

中国工商银行
黄山路支行
2020.8.10
转讫

单位主管　会计　　复核　　记账

开户银行签章

此联开户银行交给持（出）票人的回单

业务单据 25-3

中国工商银行转账支票存根（皖）

BR
02　330011353

附加信息

出票日期：2020 年 8 月 10 日

收款人：单位职工
金　额：￥507 878.40
用　途：发放职工薪酬

单位主管：　　会计：

业务单据 26-1

职工薪酬分配表

车间名称： 一车间　　　　　　　　2020 年 8 月 10 日

科目名称		生产工时	分配率	分配金额
基本生产成本	写字桌	1 000		
基本生产成本	会议条桌	1 000		
基本生产成本	会议圆桌	2 000		
基本生产成本	靠背椅	600		
基本生产成本	长条椅	800		
小　计		5 400		

业务单据 26-2

职工薪酬分配表

车间名称： 二车间　　　　　　　　2020 年 8 月 10 日

科目名称		生产工时	分配率	分配金额
基本生产成本	衣柜	3 000		
基本生产成本	书柜	1 200		
基本生产成本	文件柜	1 200		
基本生产成本	电视柜	600		
小　计		6 000		

业务单据 26-3

职工薪酬结算汇总表

2020 年 8 月 10 日

科目名称	明细科目	应付职工薪酬总额	代扣款项		实发职工薪酬总额
			住房公积金（12%）	社会保险费（10.2%）	
基本生产成本	写字桌				
基本生产成本	会议条桌				
基本生产成本	会议圆桌				
基本生产成本	靠背椅				
基本生产成本	长条椅				
基本生产成本	衣柜				
基本生产成本	书柜				
基本生产成本	文件柜				
基本生产成本	电视柜				
基本生产成本	三车间	45 000.00			
基本生产成本	四车间	26 000.00			
辅助生产成本	供汽车间	21 800.00			
辅助生产成本	变电车间	34 000.00			
制造费用	一车间	48 000.00			
制造费用	二车间	20 800.00			
制造费用	三车间	12 000.00			
制造费用	四车间	11 000.00			
管理费用		110 000.00			
销售费用		80 000.00			
合　计		652 800.00			

会计：　　　　　　　　复核：　　　　　　　　制表：金成功

业务单据 27-1

"五险一金"费用分配表
2020 年 8 月 10 日

科目名称	明细科目	应付职工薪酬总额	住房公积金（12%）	社会保险费（16%）	"五险一金"合计提取数
基本生产成本	写字桌				
基本生产成本	会议条桌				
基本生产成本	会议圆桌				
基本生产成本	靠背椅				
基本生产成本	长条椅				
基本生产成本	衣柜				
基本生产成本	书柜				
基本生产成本	文件柜				
基本生产成本	电视柜				
基本生产成本	三车间				
基本生产成本	四车间				
辅助生产成本	供汽车间				
辅助生产成本	变电车间				
制造费用	一车间				
制造费用	二车间				
制造费用	三车间				
制造费用	四车间				
管理费用					
销售费用					
合　计					

会计：　　　　　　　　　　复核：　　　　　　　　　　制表： 金成功

业务单据 28-1

工会经费、职工教育经费提取计算表

2020 年 8 月 10 日

科目名称	明细科目	应付职工薪酬总额	工会经费（2%）	职工教育经费（8%）	"两费"提取数
基本生产成本	写字桌				
基本生产成本	会议条桌				
基本生产成本	会议圆桌				
基本生产成本	靠背椅				
基本生产成本	长条椅				
基本生产成本	衣柜				
基本生产成本	书柜				
基本生产成本	文件柜				
基本生产成本	电视柜				
基本生产成本	三车间				
基本生产成本	四车间				
辅助生产成本	供汽车间				
辅助生产成本	变电车间				
制造费用	一车间				
制造费用	二车间				
制造费用	三车间				
制造费用	四车间				
管理费用					
销售费用					
合　计					

会计：　　　　　　　　复核：　　　　　　　　制表：金成功

业务单据 29-1

安徽红星家居有限责任公司费用报销审批单

日期：2020 年 8 月 11 日

部　门	财务部	费用类型	住房公积金
事　由	上缴住房公积金	付款方式	转账支票

报销金额	大写：壹拾伍万陆仟陆佰柒拾贰元整	百	十	万	千	百	十	元	角	分
		¥	1	5	6	6	7	2	0	0

总经理	财务主管	部门领导	出纳	报销人
周开源	胡子华	胡子华	童　敏	金成功

附单据 3 张

业务单据 29-2

ICBC 🏦	中国工商银行 进 账 单（回单）	1

2020 年 8 月 11 日

出票人	全　称	安徽红星家居有限责任公司	收款人	全　称	江城市住房公积金管理中心
	账　号	1341090251020026888		账　号	205034110014918
	开户银行	工行黄山路支行		开户银行	建行中山路办事处

金额	人民币（大写）壹拾伍万陆仟陆佰柒拾贰元整	亿	千	百	十	万	千	百	十	元	角	分
				¥	1	5	6	6	7	2	0	0

票据种类	转账支票	票据张数	1
票据号码	330011354		

中国工商银行
黄山路支行
2020.8.11
转讫

单位主管　　会计　　　复核　　　记账　　　　　　　　　　开户银行签章

此联开户银行交给持（出）票人的回单

业务单据 29-3

中国工商银行转账支票存根（皖）

BR
02　330011354

附加信息

出票日期：2020年8月11日

| 收款人：市住房公积金管理中心 |
| 金　额：￥156 672.00 |
| 用　途：支付住房公积金 |

单位主管：　　　会计：

业务单据 29-4

江城市住房公积金汇（补）缴书

填制日期：2020 年 8 月 11 日　　　　第00716号

单位名称	安徽红星家居有限责任公司	缴款所属时期		
公积金账号	1341090251020026888	起始日期：2020年7月1日		
公积金开户银行	工行黄山路支行	截止日期：2020年7月31日		
月缴存基数	缴存比率	月汇款人数	月汇缴金额	

| 汇缴金额 | 人民币（大写）　壹拾伍万陆仟陆佰柒拾贰元整 | 千 | 百 | 十 | 万 | 千 | 百 | 十 | 元 | 角 | 分 |
| | | | | ¥ | 1 | 5 | 6 | 6 | 7 | 2 | 0 | 0 |

中国建设银行
中山路办事处
2020.8.11
转讫

上列款项已划转你单位公积金账户，
请据以入账。

备注
当月补缴、增加、减少缴交
人员请单位及时付清册。

经办：　　　　复核：　　　　银行签章：

业务单据 30-1

安徽红星家居有限责任公司费用报销审批单

日期：2020 年 8 月 11 日

部 门	财务部		费用类型	工会经费									附单据
事 由	支付工会经费		付款方式	转账支票									
报销金额	大写：壹万叁仟零伍拾陆元整			百	十	万	千	百	十	元	角	分	3
					￥	1	3	0	5	6	0	0	张
总经理	财务主管		部门领导		出纳				报销人				
周开源	胡子华		胡子华		童 敏				金成功				

业务单据 30-2

工会经费专用收据

第三联：记账联　　　　　　2020年8月11日

今收到　　财务处

人民币（大写）　　壹万叁仟零伍拾陆元整　　￥13 056.00

系　付　　工会经费

单位盖章：　会计：　　　出纳：童 敏　　经手人：张 华

业务单据 30-3

ICBC 🏦	中国工商银行 **进 账 单**（回单）	1

2020 年 8 月 11 日

出票人	全 称	安徽红星家居有限责任公司	收款人	全 称	安徽红星家居有限责任公司工会
	账 号	1341090251020026888		账 号	1341090251020026911
	开户银行	工行黄山路支行		开户银行	工行黄山路支行

金额	人民币（大写）壹万叁仟零伍拾陆元整	亿	千	百	十	万	千	百	十	元	角	分
					¥	1	3	0	5	6	0	0

票据种类	转账支票	票据张数	1
票据号码	330011355		

中国工商银行
黄山路支行
2020.8.11
转讫

单位主管　会计　　复核　　记账　　　　　　　　　　开户银行签章

此联开户银行交给持（出）票人的回单

✂ - ✂

业务单据 30-4

中国工商银行转账支票存根（皖）

BR
02　330011355

附加信息 _____

_____

_____

出票日期：2020 年 8 月 11 日

收款人：	安徽红星家居有限责任公司工会
金　额：	¥ 13 056.00
用　途：	支付工会经费

单位主管：　　　会计：

业务单据 31-1

安徽红星家居有限责任公司费用报销审批单

日期：2020 年 8 月 11 日

部 门	财务部	费用类型	社会保险费

事 由	上缴社会保险费	付款方式	转账

报销金额	大写：壹拾柒万壹仟零叁拾叁元陆角整	百	十	万	千	百	十	元	角	分
		¥	1	7	1	0	3	3	6	0

附单据 1 张

总经理	财务主管	部门领导	出纳	报销人
周开源	胡子华	胡子华	童敏	金成功

业务单据 31-2

中 华 人 民 共 和 国
税收通用缴款书（联网专用）

（地）

No：00100026

皖地缴联：00100026 号

隶属关系：
注册类型：民营企业

填发日期：2020 年 8 月 11 日　征收机关：江城市税务局高新开发区分局

缴款单位（人）代码	91340202743072158M	缴款单位（人）开户行	工行黄山路支行
缴款单位（人）全称	安徽红星家居有限责任公司	缴款单位（人）账号	1341090251020026888
税款所属期间	2020年7月1日至7月31日	税款限缴日期	2020年8月15日

预算科目		预算级次	收缴国库	品目名称	课税数量	计税金额或销售收入	税率或单位税额	已缴或扣除额	实缴金额
编码	名称								
	社保费		高新开发区分局	社保费					171 033.60

金额合计（大写）	壹拾柒万壹仟零叁拾叁元陆角整		¥ 171 033.60

中国工商银行
黄山路支行
2020.8.11
转讫

缴款单位（人）（盖章）经办人（章）	税务机关（盖章）填票人（章）	上列款项已收妥并划转收款单位账户 国库（银行）盖章　年　月　日	备注

逾期不缴按税法规定加收滞纳金

江城市地方税务局 295 征税专用章

第一联（收据）国库（银行）收款盖章后退缴款单位（人）作完税凭证

业务单据 32-1

安徽红星家居有限责任公司费用报销审批单

日期：2020 年 8 月 12 日

部　门	财务部	费用类型	增值税、城建税、教育费附加
事　由	上交上月增值税、城建税等	付款方式	转账

报销金额	大写：叁万捌仟陆佰元整	百	十	万	千	百	十	元	角	分
				¥	3	8	6	0	0	0	0

总经理	财务主管	部门领导	出纳	报销人
周开源	胡子华	胡子华	童敏	金成功

附单据 2 张

业务单据 32-2

中华人民共和国
税收通用缴款书（联网专用）　国

No：00400048
皖国缴联：00400048 号

隶属关系：
注册类型：民营企业

填发日期：2020 年 8 月 12 日　征收机关：江城市税务局高新开发区分局

缴款单位(人)代码	91340202743072158M	缴款单位(人)开户行	工行黄山路支行
缴款单位(人)全称	安徽红星家居有限责任公司	缴款单位(人)账号	1341090251020026888
税款所属期间	2020年7月1日至7月31日	税款限缴日期	2020年8月15日

预算科目		预算级次	收缴国库	品目名称	课税数量	计税金额或销售收入	税率或单位税额	已缴或扣除额	实缴金额
编码	名称								
	家具		高新开发区分局	增值税		206 417.11	17%		35 090.91

金额合计（大写）	叁万伍仟零玖拾元玖角壹分		¥ 35 090.91

缴款单位（人）（盖章）经办人（章）	税务机关（盖章）填票人（章）	上列款项已收妥并划转收款单位账户 国库（银行）盖章　年　月　日	备注

逾期不缴按税法规定加收滞纳金

业务单据 32-3

中 华 人 民 共 和 国
税收通用缴款书（联网专用） （地）

No：00100026
皖地缴联：00100026 号

隶属关系：
注册类型：民营企业　　　　　填发日期：2020 年 8 月12日　征收机关：江城市税务局高新开发区分局

缴款单位(人)代码	91340202743072158M				缴款单位(人)开户行		工行黄山路支行	
缴款单位(人)全称	安徽红星家居有限责任公司				缴款单位(人)账号		1341090251020026888	
税款所属期间	2020年7月1日至7月31日				税款限缴日期		2020年8月15日	

预算科目		预算级次	收缴国库	品目名称	课税数量	计税金额或销售收入	税率或单位税额	已缴或扣除额	实缴金额
编码	名称								
	家具		高新开发区分局	城建税		35 090.91	7%		2 456.36
	家具		高新开发区分局	教育费附加		35 090.91	3%		1 052.73

金额合计（大写）	叁仟伍佰零玖元零玖分			￥ 3 509.09

缴款单位（人）（盖章）经办人（章）	税务机关（盖章）填票人（章）	上列款项已收妥并划转收款单位账户 国库（银行）盖章　　　年　月　日	备注

中国工商银行
黄山路支行
2020.8.12

逾期不缴按税法规定加收滞纳金

业务单据 33-1

安徽增值税普通发票

No 10225084

开票日期：2020 年 8 月 12 日

购买方	名　　称：合肥市卫生局 纳税人识别号：12340000214531573A 地　址、电话：合肥市长江路211号 0551-65728610 开户行及账号：工行长江路支行 20502610902470541111	密码区	略

货物或应税劳务、服务名称	规格型号	单位	数量	单价	金额	税率	税额
会议条桌		张	50	400.00	20 000.00	13%	2 600.00
靠背椅		把	100	150.00	15 000.00	13%	1 950.00
合　计					¥ 35 000.00		¥ 4 550.00

价税合计（大写）	⊗叁万玖仟伍佰伍拾元整	（小写）　¥ 39 550.00

销售方	名　　称：安徽红星家居有限责任公司 纳税人识别号：91340202743072158M 地　址、电话：江城市高新开发区黄山路158号 0553-59481158 开户行及账号：工行黄山路支行 1341090251020026888	备注	安徽红星家居有限责任公司 91340202743072158M 发票专用章

收款人：陶晶晶　　复核：王志华　　开票人：袁大伟　　销售方：（章）

第一联：记账联　销售方记账凭证

业务单据 33-2

产 品 出 库 单

仓库：2#仓库　　　　2020 年 8 月 12 日　　　　编号：117002

编号	名称	规格	单位	数量		单价	金额	备注
				应发	实发			
	会议条桌		张	50	50			
	靠背椅		把	100	100			
	合　计							

主管：　　　　记账：　　　　仓库保管：魏 莉　　经办人：郑晓宇

二 记账联

业务单据 33-3

中国工商银行 进 账 单 （回单）

ICBC

2020 年 8 月 12 日

1

出票人	全　称	合肥市卫生局	收款人	全　称	安徽红星家居有限责任公司
	账　号	20502610902470 54111		账　号	13410902510200 26888
	开户银行	工行长江路支行		开户银行	工行黄山路支行

金额	人民币（大写）叁万玖仟伍佰伍拾元整	亿	千	百	十	万	千	百	十	元	角	分
					¥	3	9	5	5	0	0	0

票据种类	转账支票	票据张数	1
票据号码			

中国工商银行
黄山路支行
2020.8.12
转讫

单位主管　　会计　　　　复核　　　　记账　　　　　　　　　　　　开户银行签章

此联开户银行交给持（出）票人的回单

业务单据 34-1

安徽红星家居有限责任公司费用报销审批单

日期：2020 年 8 月 12 日

部　门	一车间	费用类型	职工福利费								
事　由	木工杨日志因公负伤	付款方式	现金								
报销金额	大写：壹仟壹佰伍拾元整		百	十	万	千	百	十	元	角	分
						¥	1	1	5	0	0	0
总经理	财务主管	部门领导	出纳		报销人						
周开源	胡子华	李明亮	童敏		杨日志						

附单据 1 张

业务单据 34-2

安徽省江城市第一人民医院
门诊收费专用收据

2020 年 8 月 12 日

姓名：杨日志

项　目	金额	项目	金额
西药	412.00	输氧费	
中成药		手术费	
常规检查		治疗费	738.00
合　计	412.00	合　计	738.00
合计金额（大写）　壹仟壹佰伍拾元整		￥ 1 150.00	

收费员　汪　茹

业务单据 35-1

ICBC 中国工商银行 银行汇（本）票申请书

2020 年 8 月 12 日　　　　皖：00250876

业务类型	□银行本票　☑银行汇票	付款方式	☑转账　□现金
申　请　人	安徽红星家居有限责任公司	收　款　人	福建啄木鸟板材有限公司
账　号	1341090251020026888	账　号	1280231071231108324
用　途	采购原材料	代理付款行	工行滨海支行

金额（大写）　壹拾陆万元整

千	百	十	万	千	百	十	元	角	分
	￥	1	6	0	0	0	0	0	0

客户签章

会计主管：　　授权：　　复核：　　录入：王严华

第二联：申请人记账

业务单据 36-1

产 品 出 库 单

仓库：2#仓库　　　2020 年 8 月 13 日　　　编号：117003

编号	名称	规格	单位	数量		单价	金额	备注
				领用	实发			
	会议条桌		张	40	40			
	靠背椅		把	80	80			
	书柜		个	50	50			
	文件柜		个	50	50			
	合　计							

主管：　　记账：　　仓库保管：魏莉　　经办人：郑晓宇

二记账联

业务单据 36-2

安徽增值税专用发票

此联不作报销、扣税凭证使用

No 10225085

开票日期：2020年8月13日

购买方	名　　　称：南京福海家具城 纳税人识别号：91310115664352612M 地址、电话：南京市中山路485号 025-65437421 开户行及账号：工行中山路支行 2050261081557023525	密码区	略

货物或应税劳务、服务名称	规格型号	单位	数量	单价	金额	税率	税额
会议条桌		张	40	400.00	16 000.00	13%	2 080.00
靠背椅		把	80	150.00	12 000.00	13%	1 560.00
书柜		个	50	800.00	40 000.00	13%	5 200.00
文件柜		个	50	500.00	25 000.00	13%	3 250.00
合　计					￥93 000.00		￥12 090.00

价税合计（大写）	⊗壹拾万伍仟零玖拾元整	（小写）￥105 090.00

销售方	名　　　称：安徽红星家居有限责任公司 纳税人识别号：91340202743072158M 地址、电话：江城市高新开发区黄山路158号 0553-59481158 开户行及账号：工行黄山路支行 1341090251020026888	备注	安徽红星家居有限责任公司 91340202743072158M 发票专用章

收款人：陶品品　　复核：王志华　　开票人：袁大伟　　销售方：（章）

第一联：记账联　销售方记账凭证

业务单据 36-3

银行承兑汇票

2　IX IV 00224011

日期 贰零贰零 年 捌月 壹拾叁 日

出票人全称	南京福海家具城	收款人	全　称	安徽红星家居有限责任公司
出票人账号	2050261081557023525		账　号	1341090251020026888
付款行全称	工行中山路支行		开户银行	工行黄山路支行

出票金额	人民币 （大写）壹拾万伍仟零玖拾元整	千	百	十	万	千	百	十	元	角	分
			￥	1	0	5	0	9	0	0	0

汇票到期日 （大写）	贰零贰壹年零贰月壹拾叁日	付款行	行号	1911
承兑协议号			地址	江苏省南京市中山路95号

本汇票请你承兑，到期日无条件付款。 凤周印银 出票人签章	本汇票已经承兑，到期日由本行付款。 伟鲁印智 承兑日 年 月 日

此联收款人开户行随托收凭证寄付款行作借方凭证附件

业务单据 37-1

安徽红星家居有限责任公司费用报销审批单

日期：2020 年 8 月 13 日

部　门	销售部	费用类型	业务招待费
事　由	业务单位来人洽谈工作	付款方式	现金

报销金额	大写：壹仟捌佰肆拾元整	百	十	万	千	百	十	元	角	分
					￥ 1	8	4	0	0	0

总经理	财务主管	部门领导	出纳	报销人
周开源	胡子华	赵大宝	童　敏	陶　喆

附单据 2 张

业务单据 37-2

安徽增值税普通发票

发票联

No 00378231

开票日期：2020 年 8 月 13 日

购买方	名　　称：安徽红星家居有限责任公司 纳税人识别号：9134020274307215 8M 地址、电话：江城市高新开发区黄山路158号　0553-59481158 开户行及账号：工行黄山路支行　1341090251020026888	密码区	略

货物或应税劳务、服务名称	规格型号	单位	数量	单价	金额	税率	税额
香烟		条	1	233.01	233.01	3%	6.99
饮料		瓶	10	5.825	58.25	3%	1.75
茶叶		千克	1	116.50	116.50	3%	3.50
合　计					￥407.76		￥12.24

价税合计（大写）	⊗肆佰贰拾元整	（小写）　￥420.00

销售方	名　　称：江城市茂源昌百货店 纳税人识别号：9134020850201 3168E 地址、电话：江城市文化路518号　0553-8533048 开户行及账号：工行文化路支行　487792300003512	备注	江城市茂源昌百货店 9134020850201 3168E 发票专用章

收款人：黄菊英　　复核：卢丽生　　开票人：黄菊英　　销售方：（章）

第二联：发票联　购买方记账凭证

业务单据 37-3

安徽增值税普通发票
发 票 联

№ 00666787

开票日期：2020 年 8 月 13 日

| 购买方 | 名　　　称：安徽红星家居有限责任公司
纳税人识别号：91340202743072158M
地址、电话：江城市高新开发区黄山路158号 0553-59481158
开户行及账号：工行黄山路支行 1341090251020026888 | 密码区 | 略 |

货物或应税劳务、服务名称	规格型号	单位	数量	单价	金额	税率	税额
餐费					1 378.64	3%	41.36
合　计					￥1 378.64		￥41.36

| 价税合计（大写） | ⊗壹仟肆佰贰拾元整 | （小写）　￥1 420.00 |

| 销售方 | 名　　　称：江城市徽州大酒店
纳税人识别号：91340205263112584Q
地址、电话：江城市北京路109号 0553-8537777
开户行及账号：工行北京路支行 487792335125711 | 备注 | 江城市徽州大酒店
91340205263112584Q
发票专用章 |

收款人：段金奇　　　　复核：孙洪生　　　　开票人：段金奇　　　　销售方：（章）

第二联：发票联 购买方记账凭证

业务单据 38-1

产 品 出 库 单

仓库：2#仓库　　　　　　2020 年 8 月 13 日　　　　　　编号：117004

编号	名称	规格	单位	数量		单价	金额	备注
				应发	实发			
	衣柜		组	20	20			
	电视柜		个	50	50			
	长条椅		条	300	300			
	合　计							

主管：　　　　记账：　　　　仓库保管：魏 莉　　　　经办人：郑晓宇

二记账联

业务单据 38-2

安徽增值税专用发票

此联不作报销、扣税凭证使用

No 10225086

开票日期：2020 年 8 月 13 日

购买方	名　称：安徽省江城市居美家具商城 纳税人识别号：91304020274309015M 地址、电话：江城市二环路1088号 0553-34578576 开户行及账号：工行二环路支行 1341090251023145518	密码区	略

货物或应税劳务、服务名称	规格型号	单位	数量	单价	金额	税率	税额
衣柜		组	20	3 500.00	70 000.00	13%	9 100.00
电视柜		个	50	400.00	20 000.00	13%	2 600.00
长条椅		条	300	320.00	96 000.00	13%	12 480.00
合　计					¥ 186 000.00		¥ 24 180.00

价税合计（大写）	⊗贰拾壹万零壹佰捌拾元整	（小写）¥210 180.00

销售方	名　称：安徽红星家居有限责任公司 纳税人识别号：91340202743072158M 地址、电话：江城市高新开发区黄山路158号 0553-59481158 开户行及账号：工行黄山路支行 1341090251020026888	备注	安徽红星家居有限责任公司 91340202743072158M 发票专用章

收款人：陶晶晶　　复核：王志华　　开票人：袁大伟　　销售方：（章）

第一联：记账联·销售方记账凭证

业务单据 38-3

ICBC　中国工商银行 进 账 单（回单）

1

2020 年 8 月 13 日

出票人	全　称	安徽省江城市居美家具商城	收款人	全　称	安徽红星家居有限责任公司
	账　号	1341090251023145518		账　号	1341090251020026888
	开户银行	工行二环路支行		开户银行	工行黄山路支行

金额	人民币（大写）　贰拾壹万零壹佰捌拾元整	亿	千	百	十	万	千	百	十	元	角	分
				¥	2	1	0	1	8	0	0	0

票据种类	转账支票	票据张数	1
票据号码			

中国工商银行
黄山路支行
2020.8.13
转讫

单位主管　会计　　复核　　记账　　　　　　开户银行签章

此联开户银行交给持（出）票人的回单

业务单据 39-1

中国工商银行现金支票存根（皖）

BC 02 120458111

附加信息

出票日期：2020年8月13日

| 收款人：安徽红星家居有限责任公司 |
| 金　额：￥4 000.00 |
| 用　途：备用金 |

单位主管：　　　会计：

业务单据 40-1

中国工商银行托收凭证　（收款通知）　　4

委托日期　2020 年 8 月 13 日

付款期限　2020 年 8 月 16 日

业务类型	委托收款　（□邮划、□电划）				托收承付　（□邮划、□电划）								

付款人	全称	安徽省江城市第一中学		收款人	全称	安徽红星家居有限责任公司
	账号	41200902510212584445			账号	1341090251020026888
	地址	安徽省江城市县 开户行 建行文化路支行			地址	安徽省江城市县 开户行 工行黄山路支行

| 金额 | 人民币（大写）　　肆万伍仟伍佰元整 | 亿 | 千 | 百 | 十 | 万 | 千 | 百 | 十 | 元 | 角 | 分 |
| | | | | | | ￥ | 4 | 5 | 5 | 0 | 0 | 0 | 0 |

| 款项内容 | 货款 | 托收凭据名称 | 商业承兑汇票 | 附寄单证张数 | 1 |

| 商品发运情况 | 已发运 | 合同名称号码 | |

备注：	上列款项已划回收入你方账户内
	收款人开户银行签章
复核　　记账	2020 年 8 月 13 日

中国工商银行
黄山路支行
2020.8.13
转讫

此联为收款人开户银行给收款人的收款通知

业务单据 41-1

安徽红星家居有限责任公司报销审批单

日期：2020 年 8 月 16 日

部　门	二车间		费用类型	直接材料							
事　由	采购饰面板、木皮		付款方式	银行汇票							
报销金额	大写：壹拾肆万柒仟零柒拾捌元整		百	十	万	千	百	十	元	角	分
			¥	1	4	7	0	7	8	0	0
总经理	财务主管		部门领导		出纳			报销人			
周开源	胡子华		朱亚忠		童　敏			李彬彬			

附单据 3 张

业务单据 41-2

中 国 工 商 银 行
银 行 汇 票（多余款收账通知）　4　GE 02

付款期限 壹个月

出票日期（大写）贰零贰零 年 捌 月 壹拾陆 日　　代理付款行：工行滨海支行　　行号：0021508

收款人：福建啄木鸟板材有限公司

出票金额：人民币（大写）　壹拾陆万元整

实际结算金额	人民币（大写）　壹拾肆万柒仟零柒拾捌元整	千	百	十	万	千	百	十	元	角	分
				¥	1	4	7	0	7	8	0	0

申请人：安徽红星家居有限责任公司

出票行：工行黄山路支行

中国工商银行
黄山路支行
2020.8.16
转讫

备　注：

出票行签章　年　月　日

密押：

左列多余金额已收入你账户。

多 余 金 额

千	百	十	万	千	百	十	元	角	分
			¥	1	2	9	2	2	0	0

复核　　　记账

此联出票行结清多余款后交申请人

业务单据 41-3

收 料 单

供货单位：　　　　　　　　　　　　　　　　　　　　凭证编号：No 00214
材料类别：原材料　　　　　2020 年 8 月 16 日　　　　收料仓库：1#材料库

| 编号 | 名称 | 规格 | 单位 | 数量 | | 实际成本 | | | | 计划成本 | |
				应收	实收	单价	金额	运费	合计	单价	金额
	饰面板		张	400	400						
	木皮		平方米	3 000	3 000						

主管：　　　　　记账：　　　　　仓库保管： 陈　实　　　　　经办人： 胡日查

业务单据 41-4

福建增值税专用发票
发票联

No 00113457
开票日期：2020 年 8 月 16 日

购买方	名　　　称：安徽红星家居有限责任公司 纳税人识别号：91340202743072158M 地址、电话：江城市高新开发区黄山路158号 0553-59481158 开户行及账号：工行黄山路支行 1341090251020026888	密码区	略

货物或应税劳务、服务名称	规格型号	单位	数量	单价	金额	税率	税额
饰面板		张	400	210.00	84 000.00	13%	10 920.00
木　皮		平方米	3 000	15.00	45 000.00	13%	5 850.00
合　计					￥129 000.00		￥16 770.00

价税合计（大写）　⊗壹拾肆万伍仟柒佰柒拾元整　　　（小写）　￥145 770.00

销售方	名　　　称：福建啄木鸟板材有限公司 纳税人识别号：91350212502001316M 地址、电话：厦门市滨海路318号 0592-64301258 开户行及账号：工行滨海支行 1280231071231108324	备注	福建啄木鸟板材有限公司 91350212502001316M 发票专用章

收款人：王　凯　　　复核：陈德文　　　开票人：丁大庆　　　销售方：（章）

第三联：发票联　购买方记账凭证

业务单据 41-5

福建增值税专用发票

发票联

No 003561709

开票日期：2020 年 8 月 16 日

第三联：发票联　购买方记账凭证

购买方	名　称：安徽红星家居有限责任公司 纳税人识别号：91340202743072158M 地址、电话：江城市高新开发区黄山路158号 0553-59481158 开户行及账号：工行黄山路支行 1341090251020026888	密码区	略

货物或应税劳务、服务名称	规格型号	单位	数量	单价	金额	税率	税额
运输费					1 200.00	9%	108.00
合　计					¥ 1 200.00		¥ 108.00

价税合计（大写）　⊗壹仟叁佰零捌元整　　　　（小写）¥1 308.00

销售方	名　称：福建顺达运输有限责任公司 纳税人识别号：91350212500133208M 地址、电话：厦门市滨海路112号 0592-87623398 开户行及账号：工行滨海路支行 480128080219915230	备注	福建顺达运输有限责任公司 91350212500133208M 发票专用章

收款人：叶亚达　　　复核：何子健　　　开票人：文苏斌　　　销售方：（章）

业务单据 42-1

安徽红星家居有限责任公司报销审批单

日期：2020 年 8 月 16 日

部　门	后勤部	费用类型	卫生费									附单据2张
事　由	购买卫生工具	付款方式	委托收款									
报销金额	大写：伍佰肆拾贰元肆角整			百	十	万	千	百	十	元	角	分
								¥ 5	4	2	4	0
总经理	财务主管		部门领导		出纳			报销人				
周开源	胡子华		章大维		童敏			李玉华				

业务单据 42-2

安徽增值税专用发票

发票联

No 003731889

开票日期：2020 年 8 月 16 日

购买方	名　　　称：安徽红星家居有限责任公司 纳税人识别号：91340202743072158M 地址、电话：江城市高新开发区黄山路158号 0553-59481158 开户行及账号：工行黄山路支行 1341090251020026888	密码区	略

货物或应税劳务、服务名称	规格型号	单位	数量	单价	金额	税率	税额
拖　把		把	30	8.00	240.00	13%	31.20
抹　布		条	120	2.00	240.00	13%	31.20
合　计					￥480.00		￥62.40

价税合计（大写）	⊗伍佰肆拾贰元肆角整	（小写）￥542.40

销售方	名　　　称：江城市丰源贸易有限公司 纳税人识别号：91340202151023409M 地址、电话：江城市南湖路32号 0553-58243092 开户行及账号：工行南湖路支行 4809915231280800210	备注	江城市丰源贸易有限公司 91340202151023409M 发票专用章

收款人：杨周娜　　　复核：何一鸣　　　开票人：李大福　　　销售方：（章）

第三联：发票联 购买方记账凭证

业务单据 42-3

发料汇总表

2020 年 8 月 16 日

部门或项目	拖把		抹布				合计/元
	数量/把	金额/元	数量/条	金额/元	数量	金额/元	
一车间	4	32	15	30			62
二车间	4	32	15	30			62
三车间	4	32	15	30			62
四车间	4	32	15	30			62
修理车间	2	16	15	30			46
变电车间	2	16	10	20			36
管理部门	10	80	35	70			150
合　计	30	240	120	240			480

财务主管：　　　　　复核：　　　　　制单人：邓兰志

业务单据 43-1

借 款 单

2020 年 8 月 16 日

部 门	姓 名	借款金额	批准金额	备 注
供销科	王华	￥2 000.00	￥2 000.00	
借款金额（大写）：贰仟元整				现金付讫
借款理由	赴广州参加秋季商品交易会。	领导批示	同意。 周开源 2020. 8. 16	

业务单据 44-1

安徽红星家居有限责任公司报销审批单

日期：2020 年 8 月 16 日

部 门	四车间	费用类型	直接材料										附 单 据 3 张
事 由	采购连接件及零配件	付款方式	转账支票										
报销金额	大写：肆万玖仟贰佰陆拾捌元整			百	十	万	千	百	十	元	角	分	
						￥	4	9	2	6	8	0	0	
总经理	财务主管	部门领导	出纳			报销人							
周开源	胡子华	李健	童敏			李彬彬							

业务单据 44-2

ICBC 中国工商银行 **进 账 单**（回单）　　　**1**

2020 年 8 月 16 日

出票人	全 称	安徽红星家居有限责任公司	收款人	全 称	江城市富贵五金装饰有限责任公司
	账 号	1341090251020026888		账 号	1341090251020026911
	开户银行	工行黄山路支行		开户银行	工行团结路支行

金额	人民币（大写）肆万玖仟贰佰陆拾捌元整		亿	千	百	十	万	千	百	十	元	角	分
							￥	4	9	2	6	8	0	0

票据种类	转账支票	票据张数	1	
票据号码	330011357			

中国工商银行
黄山路支行
2020.8.16
转讫

单位主管　会计　复核　记账　　　　开户银行签章

此联开户银行交给持（出）票人的回单

业务单据 44-3

中国工商银行转账支票存根（皖）

BR
02 330011357

附加信息
_____

_____

_____

出票日期：2020 年 8 月 16 日

收款人：	江城市富贵五金装饰有限责任公司
金　额：	￥49 268.00
用　途：	支付购料款

单位主管：　　会计：

业务单据 44-4

收 料 单

供货单位：　　　　　　　　　　　　　　　　　　　　　凭证编号：No 00214

材料类别：原材料　　　　　　　　2020 年 8 月 16 日　　　　　收料仓库：1#材料库

编号	名称	规格	单位	数量		实际成本				计划成本	
				应收	实收	单价	金额	运费	合计	单价	金额
	连接件		个	1 000	1 000						
	零配件		套	2 000	2 000						

主管：　　　　　　记账：　　　　　　仓库保管：陈　实　　　　经办人：胡日查

业务单据 44-5

安徽增值税专用发票

发票联

No 00213580

开票日期：2020 年 8 月 16 日

购买方	名　　称：安徽红星家居有限责任公司 纳税人识别号：91340202743072158M 地　址、电话：江城市高新开发区黄山路158号　0553-59481158 开户行及账号：工行黄山路支行　1341090251020026888						密码区	略	
货物或应税劳务、服务名称	规格型号	单位	数量	单价	金额	税率	税额	
连接件 零配件		个 套	1 000 2 000	3.60 20.00	3 600.00 40 000.00	13% 13%	468.00 5 200.00	
合　计					￥43 600.00		￥5 668.00	
价税合计（大写）	⊗肆万玖仟贰佰陆拾捌元整					（小写）　￥49 268.00		
销售方	名　　称：江城市富贵五金装饰有限责任公司 纳税人识别号：91340212502013330M 地　址、电话：江城市团结路518号　0553-68937014 开户行及账号：工行团结路支行　1341090251020026911					备注	江城市富贵五金装饰有限责任公司 91340212502013330M 发票专用章	

收款人：李一可　　　复核：孔凯文　　　开票人：唐慧慧　　　销售方：（章）

第三联：发票联　购买方记账凭证

业务单据 45-1

中国工商银行现金支票存根（皖）

BC 02　120458112

附加信息
_____
_____
_____

出票日期：2020 年 8 月 17 日

收款人：	安徽红星家居有限责任公司
金　额：	￥7 000.00
用　途：	备用金

单位主管：　　　会计：

业务单据 46-1

领 料 单

领料单位：四车间　　　　　　　2020 年 8 月 17 日　　　　　　凭证编号：No 00869

材料编号	材料名称	计量单位	数量		单价	金额	用途
			请领	实发			
	铰链	个	400	400			产品包装用
	拉手	个	400	400			
	双插	个	400	400			
	抽屉轨道	个	115	115			
	连接件	个	800	800			
	零配件	套	1 000	1 000			
	合　计						

主管：　　　　　　审批：　　　　　　　领料：张晓红　　　　　发料：洪玉琴

业务单据 47-1

安徽红星家居有限责任公司报销审批单

日期：2020 年 8 月 17 日

部　门	厂办公室		费用类型	职工福利费								附单据1张
事　由	支付防暑降温费		付款方式	现金								
报销金额	大写：捌仟贰佰元整			百	十	万	千	百	十	元	角	分
						¥ 8	2	0	0	0	0	
总经理	财务主管		部门领导		出纳		报销人					
周开源	胡子华		唐义涛		童　敏		杨天问					

业务单据 47-2

防暑降温费发放汇总表

2020 年 8 月 17 日

部门名称	费用总额	签名
一车间	1 500.00	王大治
二车间	1 400.00	姚明远
三车间	1 200.00	朱世宝
四车间	1 200.00	李薇薇
供汽车间	200.00	陶启智
变电车间	300.00	晋 波
行政部门	1 800.00	李小龙
业务部	600.00	温宗华
合　计	8 200.00	

财务负责人：　　　　　　　　出纳：童 敏　　　　　　　经手人：李玉刚

业务单据 48-1

安徽红星家居有限责任公司报销审批单

日期：2020 年 8 月 17 日

部　门	厂办公室		费用类型	广告费								
事　由	支付广告制作佣金		付款方式	转账支票								
报销金额	大写：伍仟叁佰元整			百	十	万	千	百	十	元	角	分
						¥	5	3	0	0	0	0
总经理	财务主管		部门领导		出纳		报销人					
周开源	胡子华		唐义涛		童 敏		杨天问					

附单据 1 张

业务单据 48-2

安徽增值税专用发票

发票联

No 003431108

开票日期：2020 年 8 月 17 日

购买方	名　　称：安徽红星家居有限责任公司 纳税人识别号：91340202743072158M 地址、电话：江城市高新开发区黄山路158号 0553-57481158 开户行及账号：工行黄山路支行 1341090251020026888	密码区	略

货物或应税劳务、服务名称	规格型号	单位	数量	单价	金额	税率	税额
广告费					5 000.00	6%	300.00
合　计					¥ 5 000.00		¥ 300.00

价税合计（大写）	⊗伍仟叁佰元整	（小写）	¥ 5 300.00

销售方	名　　称：江城市广播电视传媒有限责任公司 纳税人识别号：91340202132315508M 地址、电话：江城市政通路112号 0553-86337653 开户行及账号：工行政通路支行 1341090251026908722	备注	江城市广播电视传媒有限责任公司 91340202132315508M 发票专用章

收款人：施 杰　　复核：李 勇　　开票人：王大福　　销售方：（章）

第三联：发票联 购买方记账凭证

业务单据 48-3

ICBC 中国工商银行 **进 账 单**（回单）　　**1**

2020 年 8 月 17 日

出票人	全　称	安徽红星家居有限责任公司	收款人	全　称	江城市广播电视传媒有限责任公司
	账　号	1341090251020026888		账　号	1341090251026908722
	开户银行	工行黄山路支行		开户银行	工行政通路支行

金额	人民币（大写）伍仟叁佰元整	亿	千	百	十	万	千	百	十	元	角	分
						¥	5	3	0	0	0	0

票据种类	转账支票	票据张数	1	
票据号码	330011358			中国工商银行 黄山路支行 2020.8.17 转讫

单位主管　　会计　　复核　　记账	开户银行签章

此联开户银行交给持（出）票人的回单

业务单据 48-4

中国工商银行转账支票存根（皖）

BR
02 330011358

附加信息
_____

_____

_____

出票日期：2020 年 8 月 17 日

收款人：江城市广播电视传媒有限责任公司
金　额：¥5 300.00
用　途：支付广告费

单位主管：　　　会计：

业务单据 49-1

中国工商银行现金支票存根（皖）

BC
02 120458113

附加信息
_____

_____

_____

出票日期：2020 年 8 月 18 日

收款人：安徽红星家居有限责任公司
金　额：¥4 000.00
用　途：备用金

单位主管：　　　会计：

业务单据 50-1

安徽红星家居有限责任公司报销审批单

日期：2020 年 8 月 18 日

部　门	业务部		费用类型	配件费									附
事　由	采购五金配件		付款方式	转账支票									单
报销金额	大写：贰万贰仟捌佰伍拾玖元玖角整			百	十	万	千	百	十	元	角	分	据
					¥	2	2	8	5	9	9	0	3
总经理	财务主管		部门领导	出纳			报销人						张
周开源	胡子华		张　宝	童　敏			李彬彬						

业务单据 50-2

ICBC 中国工商银行 **进 账 单**（回单） 1

2020 年 8 月 18 日

出票人	全　称	安徽红星家居有限责任公司	收款人	全　称	江城市昌盛五金配件有限责任公司
	账　号	1341090251020026888		账　号	1280231077013330118
	开户银行	工行黄山路支行		开户银行	工行天津路支行

金额	人民币（大写）贰万贰仟捌佰伍拾玖元玖角整	亿	千	百	十	万	千	百	十	元	角	分
					¥	2	2	8	5	9	9	0

票据种类	转账支票	票据张数	1
票据号码	330011359		

中国工商银行
黄山路支行
2020.8.18
转讫

单位主管　　会计　　　复核　　　记账　　　　　　　　　　开户银行签章

此联开户银行交给持（出）票人的回单

业务单据 50-3

中国工商银行转账支票存根（皖）

BR
02　330011359

附加信息

出票日期：2020 年 8 月 18 日

收款人：江城市昌盛五金配件有限责任公司
金　额：¥22 859.90
用　途：支付购料款

单位主管：　　　会计：

业务单据 50-4

收 料 单

供货单位：
材料类别：原材料　　　　　　　　2020 年 8 月 18 日

凭证编号：№ 00215
收料仓库：1#材料库

编号	名称	规格	单位	数量		实际成本				计划成本	
				应收	实收	单价	金额	运费	合计	单价	金额
	铰链		个	600	600						
	拉手		个	1 000	1 000						

主管：　　　　　记账：　　　　　　仓库保管：陈 实　　　　经办人：胡日查

业务单据 50-5

收 料 单

供货单位：
材料类别：原材料　　　　　　　　2020 年 8 月 18 日

凭证编号：№ 00216
收料仓库：1#材料库

编号	名称	规格	单位	数量		实际成本				计划成本	
				应收	实收	单价	金额	运费	合计	单价	金额
	双插		个	700	700						
	抽屉轨道		个	500	500						

主管：　　　　　记账：　　　　　　仓库保管：陈 实　　　　经办人：胡日查

业务单据 50-6

安徽增值税专用发票

发票联

No 30213051

开票日期：2020 年 8 月 18 日

购买方	名　　称：安徽红星家居有限责任公司 纳税人识别号：9134020274072158M 地址、电话：江城市高新开发区黄山路158号 0553-59481158 开户行及账号：工行黄山路支行 1341090251020026888	密码区	略

货物或应税劳务、服务名称	规格型号	单位	数量	单价	金额	税率	税额
铰链		个	600	3.50	2 100.00	13%	273.00
拉手		个	1 000	4.20	4 200.00	13%	546.00
双插		个	700	4.90	3 430.00	13%	445.90
抽屉轨道		个	500	21.00	10 500.00	13%	1 365.00
合　计					¥ 20 230.00		¥ 2 629.90

价税合计（大写）	⊗贰万贰仟捌佰伍拾玖元玖角整	（小写）￥22 859.90

销售方	名　　称：江城市昌盛五金配件有限责任公司 纳税人识别号：91340202151018807M 地址、电话：江城市天津路1510号 0553-68941041 开户行及账号：工行天津路支行 1280231077013330118	备注	江城市昌盛五金配件有限责任公司 91340202151018807M 发票专用章

收款人：文 明　　复核：甘 甜　　开票人：何英正　　销售方：（章）

第三联：发票联 购买方记账凭证

业务单据 51-1

安徽红星家居有限责任公司报销审批单

日期：2020 年 8 月 18 日

部　门	业务部	费用类型	印刷费								
事　由	印制广告传单	付款方式	转账支票								
			百	十	万	千	百	十	元	角	分
报销金额	大写：										

总经理	财务主管	部门领导	出纳	报销人
周开源	胡子华	张 宝	童 敏	李彬彬

附单据 3 张

业务单据 51-2

ICBC 🏦	**中国工商银行 进 账 单**（回单）								1	

2020 年 8 月 18 日

出票人	全 称	安徽红星家居有限责任公司	收款人	全 称	江城市正点传媒有限责任公司
	账 号	13410902510200026888		账 号	2310128023146185221
	开户银行	工行黄山路支行		开户银行	建行文昌路支行

金额	人民币（大写）		亿	千	百	十	万	千	百	十	元	角	分

票据种类	转账支票	票据张数	1
票据号码	330011360		

中国工商银行
黄山路支行
2020.8.18
转讫

| 单位主管 | 会计 | 复核 | 记账 | 开户银行签章 |

此联开户银行交给持（出）票人的回单

业务单据 51-3

中国工商银行转账支票存根（皖）

BR
02 330011360

附加信息

_____

_____

出票日期：2020 年 8 月 18 日

收款人：江城市正点传媒有限责任公司
金 额：
用 途：支付印刷费

单位主管： 会计：

业务单据 51-4

安徽增值税专用发票

发票联

No 004831192

开票日期：2020 年 8 月 18 日

购买方	名 称：安徽红星家居有限责任公司 纳税人识别号：91340202743072158M 地址、电话：江城市高新开发区黄山路158号 0553-59481158 开户行及账号：工行黄山路支行 1341090251020026888	密码区	略

货物或应税劳务、服务名称	规格型号	单位	数量	单价	金额	税率	税额
印刷费							
合 计							

价税合计（大写）	⊗		（小写）

销售方	名 称：江城市正点传媒有限责任公司 纳税人识别号：91340202155014932M 地 址、电话：江城市文昌路158号 0553-56436257 开户行及账号：建行文昌路支行 2310128023146185221	备注	江城市正点传媒有限责任公司 91340202155014932M 发票专用章

收款人：王 杰　　复核：王华成　　开票人：朱晓东　　销售方：（章）

第三联：发票联 购买方记账凭证

业务单据 52-1

安徽红星家居有限责任公司报销审批单

日期：2020 年 8 月 19 日

部 门	后勤部	费用类型	咨询费
事 由	咨询费用	付款方式	现金

报销金额	大写：贰仟叁佰叁拾贰元整	百	十	万	千	百	十	元	角	分
					￥	2	3	3	2	0	0

总经理	财务主管	部门领导	出纳	报销人
周开源	胡子华	章大维	童 敏	李玉华

附单据 1 张

业务单据 52-2

安徽增值税专用发票

发票联

No 006243731

开票日期：2020 年 8 月 18 日

购买方	名　　　称：安徽红星家居有限责任公司 纳税人识别号：91340202743072158M 地址、电话：江城市高新开发区黄山路158号 0553-59481158 开户行及账号：工行黄山路支行 1341090251020026888	密码区	略

货物或应税劳务、服务名称	规格型号	单位	数量	单价	金额	税率	税额
咨询费					2 200.00	6%	132.00
合　计					￥2 200.00		￥132.00

价税合计（大写）	⊗贰仟叁佰叁拾贰元整	（小写） ￥2 332.00

销售方	名　　　称：江城市新中天会计师事务所 纳税人识别号：91340207069088288M 地址、电话：江城市北京路358号 0553-57238732 开户行及账号：交行北京路支行 128809915023108024	备注	江城市新中天会计师事务所 91340207069088288M 发票专用章

收款人：朱文杰　　　复核：王青春　　　开票人：李志华　　　销售方：（章）

第三联：发票联 购买方记账凭证

业务单据 53-1

安徽红星家居有限责任公司报销审批单

日期：2020 年 8 月 19 日

部　门	供汽车间	费用类型	材料费								
事　由	购买维修工具	付款方式	现金								
报销金额	大写：壹佰捌拾叁元零陆分		百	十	万	千	百	十	元	角	分
							￥	1	8	3	0	6

总经理	财务主管	部门领导	出纳	报销人
周开源	胡子华	潘虹	童敏	李玉华

附单据 1 张

业务单据 53-2

安徽增值税专用发票

发票联

No 003732119

开票日期：2020 年 8 月 19 日

	名　　　称：安徽红星家居有限责任公司							
购买方	纳税人识别号：91340202743072158M					密码区	略	
	地址、电话：江城市高新开发区黄山路158号 0553-59481158							
	开户行及账号：工行黄山路支行 1341090251020026888							

货物或应税劳务、服务名称	规格型号	单位	数量	单价	金额	税率	税额
扳手		把	4	8.00	32.00	13%	4.16
螺丝刀		把	10	4.00	40.00	13%	5.20
钳子		把	5	18.00	90.00	13%	11.70
合　计					￥162.00		￥21.06

价税合计（大写）	⊗壹佰捌拾叁元零陆分		（小写）　￥183.06

	名　　　称：江城市丰源贸易有限公司	
销售方	纳税人识别号：91340202151023409M	备注
	地址、电话：江城市南湖路32号 0553-58243092	
	开户行及账号：工行南湖路支行 480991523128080210	

江城市丰源贸易有限公司
91340202151023409M
发票专用章

收款人：杨周娜　　　复核：何一鸣　　　开票人：李大福　　　销售方：（章）

第三联：发票联　购买方记账凭证

业务单据 54-1

安徽增值税普通发票

No 10225085

开票日期：2020 年 8 月 19 日

	名　　　称：安徽工程大学							
购买方	纳税人识别号：1234000972541487B					密码区	略	
	地址、电话：江城市二环路308号 62122366							
	开户行及账号：工行二环路支行 1341510209023322420							

货物或应税劳务、服务名称	规格型号	单位	数量	单价	金额	税率	税额
写字桌		张	200	400.00	80 000.00	13%	10 400.00
会议条桌		张	100	420.00	42 000.00	13%	5 460.00
长条椅		条	100	340.00	34 000.00	13%	4 420.00
合　计					￥156 000.00		￥20 280.00

价税合计（大写）	⊗壹拾柒万陆仟贰佰捌拾元整		（小写）　￥176 280.00

	名　　　称：安徽红星家居有限责任公司	
销售方	纳税人识别号：91340202743072158M	备注
	地址、电话：江城市高新开发区黄山路158号 59481158	
	开户行及账号：工行黄山路支行 1341090251020026888	

安徽红星家居有限责任公司
91340202743072158M
发票专用章

收款人：陶晶晶　　　复核：王志华　　　开票人：袁大伟　　　销售方：（章）

第一联：记账联　销售方记账凭证

业务单据 54-2

ICBC 🀄	中国工商银行 进账单（回单）		1

2020 年 8 月 19 日

出票人	全 称	安徽工程大学	收款人	全 称	安徽红星家居有限责任公司
	账 号	13415102090233222420		账 号	1341090251020026888
	开户银行	工行二环路支行		开户银行	工行黄山路支行

人民币（大写）	壹拾柒万陆仟贰佰捌拾元整	亿	千	百	十	万	千	百	十	元	角	分
					1	7	6	2	8	0	0	0

票据种类	转账支票	票据张数	1
票据号码			

中国工商银行
黄山路支行
2020.8.19
转讫

单位主管　　会计　　复核　　记账

开户银行签章

此联开户银行交给持（出）票人的回单

✂ - ✂

业务单据 54-3

产 品 出 库 单

仓库：2#仓库			2020 年 8 月 19 日			编号：117004		
编号	名称	规格	单位	数量		单价	金额	备注
				应发	实发			
	会议条桌		张	100	100			
	长条椅		条	100	100			
	写字桌		张	200	200			
	合 计							

主管：　　　　记账：　　　　仓库保管：魏 莉　　　　经办人：郑晓宇

二记账联

业务单据 55-1

中国工商银行现金支票存根（皖）

BC
02 120458114

附加信息

_____

_____

出票日期：2020 年 8 月 20 日

收款人：安徽红星家居有限责任公司
金　额：¥4 000.00
用　途：备用金

单位主管：　　　会计：

业务单据 56-1

差旅费报销单

报销日期：2020 年 8 月 20 日

姓名		王华			出差事由		参加广州交易会						
起程日期和地点			到达日期和地点		交通工具	车船费	出差补助		住宿费	其他费用		金额合计	单据9张
月	日	地点	月	日	地点			天	金额		摘要	金额	
8	15	江城	8	15	广州	飞机	744.00	4	200.00	636.00	市内车费	80.00	1 660.00
8	18	广州	8	18	江城	飞机	620.00				复印费	20.00	640.00
合　计						1 364.00			200.00	636.00		100.00	2 300.00
预借金额	2 000.00		报销金额	贰仟叁佰元整			应退金额				应补金额		300.00

负责人签字：周开源　　　审核人签章：胡子华　　　出差人签章：王 华

业务单据 56-2

广东增值税专用发票

发票联

№ 002515489

开票日期：2020 年 8 月 20 日

购买方	名　　称：安徽红星家居有限责任公司 纳税人识别号：91340202743072158M 地址、电话：江城市高新开发区黄山路158号 0553-59481158 开户行及账号：工行黄山路支行 1341090251020026888	密码区	略

货物或应税劳务、服务名称	规格型号	单位	数量	单价	金额	税率	税额
住宿费					600.00	6%	36.00
合　计					￥600.00		￥36.00

价税合计（大写）	⊗陆佰叁拾陆元整	（小写）￥636.00

销售方	名　　称：广州市速8快捷酒店 纳税人识别号：91440202652145901M 地址、电话：广州市东海路918号 020-81733562 开户行及账号：建行东海路支行 230030487790125	备注	广州市速8快捷酒店 91440202652145901M 发票专用章

收款人：　　　　　复核：　　　　　开票人：赵英超　　　　　销售方：（章）

第三联：发票联　购买方记账凭证

业务单据 57-1

产　品　出　库　单

仓库：2#仓库　　　　　　2020 年 8 月 20 日　　　　　　编号：117005

编号	名称	规格	单位	数量		单价	金额	备注
				应发	实发			
	衣柜		组	10	10			
	电视柜		个	100	100			
	文件柜		个	100	100			
合　计								

主管：　　　　　记账：　　　　　仓库保管：魏　莉　　　　　经办人：郑晓宇

二 记账联

业务单据 57-2

安徽增值税专用发票

此联不作报销、扣税凭证使用

No 10225085

开票日期：2020 年 8 月 20 日

购买方		
名　　称：	河南省郑州市红星美凯龙家具城	
纳税人识别号：	91414020274309022M	
地址、电话：	郑州市北京路316号 0371-75241198	
开户行及账号：	工行北京路支行 1341314551020902688	

密码区　　略

第一联：记账联　销售方记账凭证

货物或应税劳务、服务名称	规格型号	单位	数量	单价	金额	税率	税额
衣柜		组	10	3 500.00	35 000.00	13%	4 550.00
电视柜		个	100	400.00	40 000.00	13%	5 200.00
文件柜		个	100	420.00	42 000.00	13%	5 460.00
合　计					￥117 000.00		￥15 210.00

价税合计（大写）	⊗壹拾叁万贰仟贰佰壹拾元整	（小写）￥132 210.00

销售方		
名　　称：	安徽红星家居有限责任公司	
纳税人识别号：	91340202743072158M	
地址、电话：	江城市高新开发区黄山路158号 0553-59481158	
开户行及账号：	工行黄山路支行 1341090251020026888	

备注：安徽红星家居有限责任公司 91340202743072158M 发票专用章

收款人：陶晶晶　　复核：王志华　　开票人：袁大伟　　销售方：（章）

业务单据 58-1

领 料 单

领料单位：三车间　　　　　　　2020 年 8 月 23 日　　　　　　　凭证编号：No 00869

材料编号	材料名称	计量单位	数量 请领	数量 实发	单价	金额	用途
	面漆	桶	50	50			产品油漆用
	木工胶	桶	30	30			
	合　计						

主管：　　　　审批：　　　　领料：伍小雨　　　　发料：赵菊花

业务单据 59-1

安徽红星家居有限责任公司报销审批单

日期：2020 年 8 月 23 日

部　门	业务部		费用类型	材料费								附单据3张
事　由	采购油漆		付款方式	转账支票								
报销金额	大写：肆万伍仟贰佰元整			百	十	万	千	百	十	元	角	分
					¥	4	5	2	0	0	0	0
总经理	财务主管		部门领导		出纳			报销人				
周开源	胡子华		张　宝		童　敏			李彬彬				

业务单据 59-2

ICBC 🏛	中国工商银行 进 账 单（回单）				1

2020 年 8 月 23 日

出票人	全　称	安徽红星家居有限责任公司	收款人	全　称	江城市家饰丽油漆有限责任公司										
	账　号	13410902510 20026888		账　号	1280333023107701118										
	开户银行	工行黄山路支行		开户银行	工行武汉路支行										
人民币（大写）		肆万伍仟贰佰元整			亿	千	百	十	万	千	百	十	元	角	分
								¥	4	5	2	0	0	0	0
票据种类	转账支票	票据张数	1												
票据号码	330011361			中国工商银行 黄山路支行 2020.8.23 转讫											
单位主管　会计　复核　记账				开户银行签章											

此联开户银行交给持（出）票人的回单

业务单据 59-3

中国工商银行转账支票存根（皖）

BR 02 330011361

附加信息

出票日期：2020 年 8 月 23 日

| 收款人：江城市家饰丽油漆有限责任公司 |
| 金 额：￥45 200.00 |
| 用 途：支付购料款 |

单位主管： 会计：

业务单据 59-4

收 料 单

供货单位： 凭证编号：No 00217

材料类别：原材料 2020 年 8 月 23 日 收料仓库：1#材料库

编号	名称	规格	单位	数量		实际成本				计划成本	
				应收	实收	单价	金额	运费	合计	单价	金额
	底漆		桶	100	100						
	面漆		桶	100	100						

主管： 记账： 仓库保管：陈 实 经办人：胡日查

业务单据 59-5

安徽增值税专用发票

发票联

No 00223009

开票日期：2020 年 8 月 23 日

购买方	名　称：安徽红星家居有限责任公司 纳税人识别号：91340202743072158M 地　址、电话：江城市高新开发区黄山路158号　0553-59481158 开户行及账号：工行黄山路支行　1341090251020026888	密码区	略

货物或应税劳务、服务名称	规格型号	单位	数量	单价	金额	税率	税额
面漆		桶	100	155.00	15 500.00	13%	2 015.00
底漆		桶	100	245.00	24 500.00	13%	3 185.00
合　计					￥ 40 000.00		￥ 5 200.00

价税合计（大写）	⊗肆万伍仟贰佰元整	（小写）￥45 200.00

销售方	名　称：江城市家饰丽油漆有限责任公司 纳税人识别号：91340202150781018M 地　址、电话：江城市武汉路210号　0553-85717233 开户行及账号：工行武汉路支行　1280333023107701118	备注	江城市家饰丽油漆有限责任公司 91340202150781018M 发票专用章

收款人：潘能东　　复核：陶晶晶　　开票人：钱伟仁　　销售方：（章）

第三联：发票联　购买方记账凭证

业务单据 60-1

ICBC　中国工商银行　进 账 单（收账通知）　3

2020 年 8 月 23日

出票人	全　称	郑州市红星美凯龙家具城	收款人	全　称	安徽红星家居有限责任公司
	账　号	1341314551020902688		账　号	1341090251020026888
	开户银行	工行北京路支行		开户银行	工行黄山路支行

金额	人民币（大写）壹拾叁万陆仟捌佰玖拾元整	亿	千	百	十	万	千	百	十	元	角	分
					￥	1	3	6	8	9	0	0

票据种类	银行汇票	票据张数	1
票据号码			

中国工商银行
黄山路支行
2020.8.23
转讫

单位主管　　会计　　复核　　记账　　　　　　　　开户银行签章

此联是收款人开户银行交给收款人的收账通知

业务单据 61-1

安徽红星家居有限责任公司报销审批单

日期：2020 年 8 月 23 日

部　门	财务部		费用类型	职工教育经费									
事　由	财务部会计人员继续教育		付款方式	现金									
报销金额	大写：柒佰贰拾元整			百	十	万	千	百	十	元	角	分	
							￥	7	2	0	0	0	
总经理	财务主管		部门领导	出纳			报销人						
周开源	胡子华		胡子华	童敏			金成功						

附单据 3 张

业务单据 61-2

安徽增值税专用发票

发票联

No 134021321301

开票日期：2020 年 8 月 23 日

购买方	名　称：安徽红星家居有限责任公司 纳税人识别号：91340202743072158M 地址、电话：江城市高新开发区黄山路158号 0553-59481158 开户行及账号：工行黄山路支行 1341090251020026888	密码区	略

货物或应税劳务、服务名称	规格型号	单位	数量	单价	金额	税率	税额
培训费					679.25	6%	40.75
合　计					￥679.25		￥40.75

价税合计（大写）	⊗柒佰贰拾元整	（小写）	￥720.00

销售方	名　称：江城市会计咨询服务有限公司 纳税人识别号：91340204369532495M 地址、电话：江城市长江路198号 0553-86778354 开户行及账号：交行长江路支行 12809902015231084	备注	江城市会计咨询服务有限公司 91340204369532495M 发票专用章

收款人：　　　复核：　　　开票人：陈旺　　　销售方：（章）

第三联：发票联 购买方记账凭证

业务单据 62-1

安徽红星家居有限责任公司报销审批单

日期：2020 年 8 月 23 日

部　门	四车间	费用类型	商品包装费									
事　由	采购包装材料	付款方式	转账支票									
报销金额	大写：贰万贰仟陆佰元整			百	十	万	千	百	十	元	角	分
					¥	2	2	6	0	0	0	0
总经理	财务主管	部门领导		出纳				报销人				
周开源	胡子华	李健		童敏				李彬彬				

附单据 3 张

业务单据 62-2

ICBC 🏧 **中国工商银行 进 账 单**（回单）　　1

2020 年 8 月 23日

出票人	全　称	安徽红星家居有限责任公司	收款人	全　称	江城市海螺包装有限责任公司									
	账　号	1341090251020026888		账　号	1341510200260902258									
	开户银行	工行黄山路支行		开户银行	工行南京路支行									
金额	人民币（大写）贰万贰仟陆佰元整					亿	千	百	十	万	千	百	十	元	角	分
									¥	2	2	6	0	0	0	0
票据种类	转账支票	票据张数	1											
票据号码	330011362													

中国工商银行
黄山路支行
2020.8.23
转讫

单位主管　会计　复核　记账　　　　　　　　开户银行签章

此联开户银行交给持（出）票人的回单

业务单据 62-3

中国工商银行转账支票存根（皖）

BR 02 330011362

附加信息

出票日期：2020 年 8 月 23 日

收款人：	江城市海螺包装有限责任公司
金　额：	￥22 600.00
用　途：	支付购料款

单位主管：　　　会计：

业务单据 62-4

收 料 单

供货单位：　　　　　　　　　　　　　　　　　　　　凭证编号：No 00217

材料类别：原材料　　　　　　　2020 年 8 月 23 日　　　收料仓库：1#材料库

编号	名称	规格	单位	数量		实际成本				计划成本	
				应收	实收	单价	金额	运费	合计	单价	金额
	包装盒		件	1 000	1 000						

主管：　　　　　记账：　　　　　仓库保管：陈 实　　　经办人：胡日查

业务单据 62-5

领 料 单

领料单位：四车间　　　　　　　2020 年 8 月 23 日　　　凭证编号：No 00870

材料编号	材料名称	计量单位	数量		单价	金额	用途
			请领	实发			
	包装盒	件	1 000	1 000			产品包装用
	合　计						

主管：　　　审批：　　　　领料：张晓红　　　发料：洪玉琴

业务单据 62-6

安徽增值税专用发票

发票联

No 11001003

开票日期：2020 年 8 月 23 日

购买方	名　　称：安徽红星家居有限责任公司 纳税人识别号：91340202743072158M 地址、电话：江城市高新开发区黄山路158号 0553-59481158 开户行及账号：工行黄山路支行 1341090251020026888					密码区	略	
货物或应税劳务、服务名称	规格型号	单位	数量	单价	金额	税率	税额	
包装盒		件	1 000	20.00	20 000.00	13%	2 600.00	
合　计					￥20 000.00		￥2 600.00	
价税合计（大写）	⊗贰万贰仟陆佰元整					（小写）　￥22 600.00		
销售方	名　　称：江城市海螺包装有限责任公司 纳税人识别号：91340202150781018M 地址、电话：江城市武汉路210号 0553-58665434 开户行及账号：工行南京路支行 1341510200260902258					备注	江城市海螺包装有限责任公司 91340202150781018M 发票专用章	

收款人：韩志邦　　　复核：孙小武　　　开票人：曹年宝　　　销售方：（章）

第三联：发票联　购买方记账联

业务单据 63-1

安徽红星家居有限责任公司报销审批单

日期：2020 年 8 月 24 日

部　门	厂办公室	费用类型	职工福利费								
事　由	补助职工食堂	付款方式	现金支票								
报销金额	大写：肆仟捌佰元整		百	十	万	千	百	十	元	角	分
						￥4	8	0	0	0	0
总经理	财务主管	部门领导		出纳			报销人				
周开源	胡子华	唐义涛		童敏			李彬彬				

附单据 2 张

业务单据 63-2

收 款 收 据

交款单位名称：厂办公室　　　　　　　　2020 年 8 月 24 日

项 目	单位	数量	单价	金额							
				万	千	百	十	元	角	分	
职工伙食补助费					4	8	0	0	0	0	第二联　收据
合计金额（大写）肆仟捌佰零拾零元零角零分				¥	4	8	0	0	0	0	

填票人：　　　　　　　收款人：席蓉蓉　　　　　　　　单位盖章：

业务单据 63-3

中国工商银行现金支票存根（皖）

BR 02 120458115

附加信息 _____

_____

_____

出票日期：2020 年 8 月 24 日

收款人：公司职工餐厅
金 额：¥4 800.00
用 途：伙食补助费

单位主管：　　　会计：

业务单据 63-4

应付职工福利费分配表

2020 年 8 月 24 日

部门名称	费用总额
一车间	800.00
二车间	800.00
三车间	800.00
四车间	500.00
供汽车间	200.00
变电车间	300.00
行政部门	1 100.00
业务部	300.00
合 计	4 800.00

业务单据 64-1

长期待摊费用分配表

2020 年 8 月 24 日

项　目	本月摊销额	未摊销额
二车间设备租赁费	1 000.00	3 000.00
合　计	1 000.00	3 000.00

财务主管：　　　　　　　　审核：　　　　　　　　制单：汪小亮

业务单据 65-1

固定资产折旧提取计算表

2020 年 8 月 24 日

使用部门	应提折旧固定资产原值	月折旧率	月折旧额 / 元
一车间	4 480 000.00	1%	44 800.00
二车间	5 520 000.00	1%	55 200.00
三车间	800 000.00	1%	8 000.00
四车间	900 000.00	1%	9 000.00
供汽车间	160 000.00	1%	1 600.00
变电车间	540 000.00	1%	5 400.00
管理部门	2 600 000.00	0.5%	13 000.00
合　计	15 000 000.00		137 000.00

财务主管：　　　　　　　　审核：　　　　　　　　制单：汪小亮

业务单据 66-1

无形资产摊销分配表

2020 年 8 月 24 日

项　目	本月摊销额	未摊销额
商标权	5 000.00	695 000.00
合　计	5 000.00	695 000.00

财务主管：　　　　　　　　审核：　　　　　　　　制单：汪小亮

业务单据 67-1

计提银行借款利息表

2020 年 8 月 24 日

项　目	计息本金	月利率	月利息	列入会计科目
短期借款	350 000.00	5‰	1 750.00	财务费用
长期借款（专门借款）				
长期借款（一般借款）				
合　计			1 750.00	

财务主管：　　　　　　　　　审核：　　　　　　　　　制单：童　敏

业务单据 67-2

中国工商银行计付存款利息清单（收款通知）

账号：71-911　　　　　　　　　2020 年 8 月 24 日

单位名称	安徽红星家居有限责任公司	结算账号	1341090251020026888	你单位上述存款利息已收入你单位账户
计息起讫日期	2020 年 7 月 25 日 起　2020 年 8 月 24 日 止			中国工商银行黄山路支行 2020.8.24 （银行盖章） 转讫

单位名称	计息总积数	日利率	利息金额	
	1 200 000	0.05‰	600.00	

业务单据 68-1

发出材料汇总表

材料类别：木材类　　　　　2020 年 8 月 25 日　　　　金额单位：元

生产产品名称	刨花板			实木板			木皮			合计
	数量/张	计划单价	计划成本	数量/立方米	计划单价	计划成本	数量/平方米	计划单价	计划成本	
写字桌										
会议条桌										
会议圆桌										
靠背椅										
长条椅										
合　计										

财务主管：　　　　　　　　　审核：　　　　　　　　　制单：张全红

业务单据 68-2

发出材料汇总表

材料类别：木材类　　　　　　2020 年 8 月 25 日　　　　　　　单位：元

生产产品名称	纤维板			实木板			饰面板			合计
	数量/张	计划单价	计划成本	数量/立方米	计划单价	计划成本	数量/张	计划单价	计划成本	
衣柜										
书柜										
文件柜										
电视柜										
合　计										

财务主管：　　　　　　　审核：　　　　　　　制单：张全红

业务单据 68-3

发出材料成本差异计算表

户名：一车间　　　　　　　2020 年 8 月　　　　　　　单位：元

项　目	写字桌	会议条桌	会议圆桌	靠背椅	长条椅	合　计
发出材料计划成本						
月末材料成本差异率						
发出材料应分摊的差异额						

财务主管：　　　　　　　复核：　　　　　　　制单：张全红

业务单据 68-4

发出材料成本差异计算表

户名：二车间　　　　　　　2020 年 8 月　　　　　　　单位：元

项　目	衣柜	书柜	文件柜	电视柜	合　计
发出材料计划成本					
月末材料成本差异率					
发出材料应分摊的差异额					

财务主管：　　　　　　　复核：　　　　　　　制单：张全红

业务单据 68-5

发出材料成本差异计算表

户名：三车间　　　　　　　　2020 年 8 月　　　　　　　　金额单位：元

领用材料名称	发出数量	计划单价	发出材料计划成本总额	月末材料成本差异率 /%	发出材料应分摊的成本差异额
面漆					
底漆					
木工胶					
强力胶					
合　计					

财务主管：　　　　　　　　审核：　　　　　　　　制单：张全红

业务单据 69-1

辅助生产成本分配表

2020 年 8 月　　　　　　　　金额单位：元

辅助生产车间名称			供汽车间	供电车间	合　计
待分配费用					
辅助生产部门以外劳务受益量					
分配率					
制造费用	一车间	耗用量			
		分配额			
	二车间	耗用量			
		分配额			
	三车间	耗用量			
		分配额			
	四车间	耗用量			
		分配额			
管理费用		耗用量			
		分配额			
合　计					

财务主管：　　　　　　　　复核：　　　　　　　　制单：张全红

业务单据 70-1

制造费用分配表

车间名称：一车间　　　　　　2020 年 8 月　　　　　　金额单位：元

分配对象 （产品名称）	分配标准 （生产工人工资）	分配率 （单位成本）	分摊金额
写字桌			
会议条桌			
会议圆桌			
靠背椅			
长条椅			
合　计			

财务主管：　　　　　　　　　复核：　　　　　　　　　制单：张全红

业务单据 71-1

制造费用分配表

车间名称：二车间　　　　　　2020 年 8 月　　　　　　金额单位：元

分配对象 （产品名称）	分配标准 （生产工人工资）	分配率 （单位成本）	分摊金额
衣柜			
书柜			
文件柜			
电视柜			
合　计			

财务主管：　　　　　　　　　复核：　　　　　　　　　制单：张全红

业务单据 72-1

制造费用分配表

车间名称：三车间　　　　　　2020 年 8 月　　　　　　金额单位：元

分配对象 （产品名称）	分配标准 （生产工人工资）	分配率 （单位成本）	分摊金额
基本生产成本——三车间	—	—	
合　计	—	—	

财务主管：　　　　　　　　　复核：　　　　　　　　　制单：张全红

业务单据 73-1

制造费用分配表

车间名称：四车间　　　　　　　　2020 年 8 月　　　　　　　　金额单位：元

分配对象 （产品名称）	分配标准 （生产工人工资）	分配率 （单位成本）	分摊金额
基本生产成本——四车间	—	—	
合　计	—	—	

财务主管：　　　　　　　　　　复核：　　　　　　　　　　制单：张全红

业务单据 74-1

基本生产成本明细账

产品名称：写字桌　　　　　　　　2020 年 8 月　　　　　　　　单位：元

2020 年		摘要	成本项目			合计
月	日		直接材料	直接人工	制造费用	
8	1	月初在产品成本	13 000.00			13 000.00
		本月费用				
		本月合计				
		单位成本				
		完工产品成本转出				

财务主管：　　　　　　　　　　复核：　　　　　　　　　　制单：张全红

业务单据 74-2

基本生产成本明细账

产品名称：会议条桌　　　　　　　　2020 年 8 月　　　　　　　　单位：元

2020 年		摘要	成本项目			合计
月	日		直接材料	直接人工	制造费用	
8	1	月初在产品成本	12 000.00			12 000.00
		本月费用				
		本月合计				
		单位成本				
		完工产品成本转出				

财务主管：　　　　　　　　　　复核：　　　　　　　　　　制单：智　丽

业务单据 74-3

基本生产成本明细账

产品名称：会议圆桌　　　　　　2020 年 8 月　　　　　　单位：元

2020 年		摘要	成本项目			合计
月	日		直接材料	直接人工	制造费用	
8	1	月初在产品成本	19 000.00			19 000.00
		本月费用				
		本月合计				
		单位成本				
		完工产品成本转出				

财务主管：　　　　　　　　　　复核：　　　　　　　　制单：智　丽

业务单据 74-4

基本生产成本明细账

产品名称：靠背椅　　　　　　2020 年 8 月　　　　　　单位：元

2020 年		摘要	成本项目			合计
月	日		直接材料	直接人工	制造费用	
8	1	月初在产品成本	10 000.00			10 000.00
		本月费用				
		本月合计				
		单位成本				
		完工产品成本转出				

财务主管：　　　　　　　　　　复核：　　　　　　　　制单：智　丽

业务单据 74-5

基本生产成本明细账

产品名称：长条椅　　　　　　2020 年 8 月　　　　　　单位：元

2020 年		摘要	成本项目			合计
月	日		直接材料	直接人工	制造费用	
8	1	月初在产品成本	11 200.00			11 200.00
		本月费用				
		本月合计				
		单位成本				
		完工产品成本转出				

财务主管：　　　　　　　　　　复核：　　　　　　　　制单：智　丽

业务单据 75-1

基本生产成本明细账

产品名称：衣柜　　　　　　　　　2020 年 8 月　　　　　　　　　单位：元

2020 年		摘要	成本项目			合计
月	日		直接材料	直接人工	制造费用	
8	1	月初在产品成本	11 000.00	6 000.00	8 000.00	25 000.00
		本月费用				
		本月合计				
		单位成本				
		完工产品成本转出				

财务主管：　　　　　　　　复核：　　　　　　　　制单：智 丽

业务单据 75-2

基本生产成本明细账

产品名称：书柜　　　　　　　　　2020 年 8 月　　　　　　　　　单位：元

2020 年		摘要	成本项目			合计
月	日		直接材料	直接人工	制造费用	
8	1	月初在产品成本	13 000.00	7 000.00	7 000.00	27 000.00
		本月费用				
		本月合计				
		单位成本				
		完工产品成本转出				

财务主管：　　　　　　　　复核：　　　　　　　　制单：智 丽

业务单据 75-3

基本生产成本明细账

产品名称：文件柜　　　　　　　　2020 年 8 月　　　　　　　　　单位：元

2020 年		摘要	成本项目			合计
月	日		直接材料	直接人工	制造费用	
8	1	月初在产品成本	8 000.00	3 000.00	4 000.00	15 000.00
		本月费用				
		本月合计				
		单位成本				
		完工产品成本转出				

财务主管：　　　　　　　　复核：　　　　　　　　制单：智 丽

业务单据 75-4

基本生产成本明细账

产品名称：电视柜　　　　　　　　2020 年 8 月　　　　　　　　单位：元

2020 年		摘要	成本项目			合计
月	日		直接材料	直接人工	制造费用	
8	1	月初在产品成本	7 000.00	3 000.00	4 000.00	14 000.00
		本月费用				
		本月合计				
		单位成本				
		完工产品成本转出				

财务主管：　　　　　　　　复核：　　　　　　　　制单：智　丽

业务单据 76-1

基本生产成本明细账

车间名称：三车间　　　　　　　　2020 年 8 月　　　　　　　　单位：元

2020 年		摘要	成本项目			合计
月	日		直接材料	直接人工	制造费用	
8	31	本月费用				
		本月合计				
		完工产品成本转出				

财务主管：　　　　　　　　复核：　　　　　　　　制单：智　丽

业务单据 76-2

基本生产成本分配计算单

车间名称：三车间　　　　　　　　2020 年 8 月　　　　　　　　单位：元

产品名称		标准系数	产量	总系数	分配率	分配金额合计
一车间	写字桌	0.8	390			
	会议条桌	0.5	410			
	会议圆桌	2.0	85			
	靠背椅	0.4	960			
	长条椅	0.6	430			
二车间	衣柜	2.9	120			
	书柜	1.2	220			
	文件柜	1.0	400			
	电视柜	1.2	280			
合　计			—			

财务主管：　　　　　　　　复核：　　　　　　　　制单：智　丽

业务单据 77-1

基本生产成本明细账

车间名称：四车间　　　　　　　　　　2020 年 8 月　　　　　　　　　单位：元

2020 年		摘要	成本项目			合计
月	日		直接材料	直接人工	制造费用	
8	31	本月费用				
		本月合计				
		完工产品成本转出				

财务主管：　　　　　　　　　　复核：　　　　　　　　　　制单：　智　丽

业务单据 77-2

基本生产成本分配计算单

车间名称：四车间　　　　　　　　　　2020 年 8 月　　　　　　　　　单位：元

	产品名称	标准系数	产量	总系数	分配率	分配金额合计
一车间	写字桌	0.8	390			
	会议条桌	0.5	410			
	会议圆桌	2.0	85			
	靠背椅	0.4	960			
	长条椅	0.6	430			
二车间	衣柜	2.9	120			
	书柜	1.2	220			
	文件柜	1.0	400			
	电视柜	1.2	280			
合计			—			

财务主管：　　　　　　　　　　复核：　　　　　　　　　　制单：　智　丽

业务单据 78-1

产品入库单

仓库：1# 仓库　　　　　　　　　2020 年 8 月 27 日　　　　　　　编号：0035

编号	名称	规格	计量单位	入库数量	备注
	写字桌			390	
	会议条桌			410	
	会议圆桌			85	
	靠背椅			960	
	长条椅			430	

主管：　　　　记账：　　　　仓库保管：秦　刚　　　　经办人：郝建立

二记账联

业务单据 78-2

产品入库单

仓库：1# 仓库　　　　　　　　2020 年 8 月 27 日　　　　　　　　编号：0035

编号	名称	规格	计量单位	入库数量	备注
	衣柜			120	
	书柜			220	
	文件柜			400	
	电视柜			280	

主管：　　　　记账：　　　　仓库保管：秦　刚　　　　经办人：郝建立

二记账联

业务单据 78-3

完工产品总成本和单位成本计算单

2020 年 8 月　　　　　　　　单位：元

产品名称	本车间转入	三车间转入	四车间转入	成本合计	产品产量	单位成本
写字桌					390	
会议条桌					410	
会议圆桌					85	
靠背椅					960	
长条椅					430	
衣柜					120	
书柜					220	
文件柜					400	
电视柜					280	
合计					—	

财务主管：　　　　　　　复核：　　　　　　　制单：智　丽

业务单据 79-1

产品制造成本汇总计算单

2020 年 8 月　　　　　　　　　　　单位：元

名称	月初结存		本月入库		本月合计		
	数量	总成本	数量	总成本	数量	加权平均单位成本	总成本
写字桌			390				
会议条桌			410				
会议圆桌			85				
靠背椅			960				
长条椅			430				
衣柜			120				
书柜			220				
文件柜			400				
电视柜			280				
合计	—		—				

财务主管：　　　　　　　　复核：　　　　　　　　制单：智丽

业务单据 79-2

产品销售成本汇总计算单

2020 年 8 月　　　　　　　　　　　单位：元

产品名称	计量单位	销售数量	单位成本	销售总成本
写字桌				
会议条桌				
会议圆桌				
靠背椅				
长条椅				
衣柜				
书柜				
文件柜				
电视柜				
合计				

财务主管：　　　　　　　　复核：　　　　　　　　制单：智丽

业务单据 80-1

应交增值税计算表

年 月 日至 月 日　　　　　　　　　　　　　　　　单位：元

项 目			销售额	税额	备注
		货物名称　适用税率/%			
销项税额	应税货物				
	应税劳务				
	1.				
	2.				
进项税额	本期进项税额发生额				
	进项税额转出				
	1.				
	2.				
应 纳 税 额					

财务主管：　　　　　复核：　　　　　会计：　　　　　制单：于茂生

业务单据 81-1

应交城市维护建设税计算表

年 月 日至 月 日　　　　　　　　　　　　　　　　单位：元

业务种类	计税基数	税率/%	应交城市维护建设税
	1	2	3＝1×2
增值税			
合计			

财务主管：　　　　　复核：　　　　　会计：　　　　　制单：于茂生

业务单据81-2

应交教育费附加计算表

年　月　日至　月　日　　　　　　　　　　单位：元

业务种类	计税基数	税率/%	应交教育费附加
	1	2	3＝1×2
增值税			
合　计			

财务主管：　　　　　复核：　　　　　会计：　　　　　制单：于茂生

业务单据82-1

利润总额计算表

年　月　日

损益类账户名称	本期发生额		备注
	贷方	借方	
主营业务收入			
主营业务成本			
税金及附加			
其他业务收入			
其他业务成本			
销售费用			
管理费用			
财务费用			
营业外收入			
营业外支出			
合计			

财务主管：　　　　　复核：　　　　　会计：　　　　　制单：于茂生

任务七 编制会计报表

编制安徽红星家居有限责任公司 2020 年 8 月份的利润表和资产负债表，如表 7-1、表 7-2 所示。

表 7-1

利 润 表

编制单位：安徽红星家居有限责任公司   2020 年 8 月

会企 02 表
单位：元

项　　目	本期金额	本年累计金额
一、营业收入		
减：营业成本		
税金及附加		
销售费用		
管理费用		
研发费用		
财务费用		
其中：利息费用		
利息收入		
加：其他收益		
投资收益（损失以"–"号填列）		
其中：对联营企业和合营企业的投资收益		
以摊余成本计量的金融资产终止确认收益 （损失以"–"号填列）		
净敞口套期收益（损失以"–"号填列）		
公允价值变动收益（损失以"–"号填列）		
信用减值损失（损失以"–"号填列）		
资产减值损失（损失以"–"号填列）		
资产处置收益（损失以"–"号填列）		

续表

项 目	本期金额	本年累计金额
二、营业利润（亏损以"–"号填列）		
加：营业外收入		
减：营业外支出		
三、利润总额（亏损总额以"–"号填列）		
减：所得税费用		
四、净利润（净亏损以"–"号填列）		
（一）持续经营净利润（净亏损以"–"号填列）		
（二）终止经营净利润（净亏损以"–"号填列）		
五、其他综合收益的税后净额		
（一）不能重分类进损益的其他综合收益		
1. 重新计量设定受益计划变动额		
2. 权益法下不能转损益的其他综合收益		
3. 其他权益工具投资公允价值变动		
4. 企业自身信用风险公允价值变动		
……		
（二）将重分类进损益的其他综合收益		
1. 权益法下可转损益的其他综合收益		
2. 其他债权投资公允价值变动		
3. 金融资产重分类计入其他综合收益的金额		
4. 其他债权投资信用减值准备		
5. 现金流量套期储备		
6. 外币财务报表折算差额		
……		
六、综合收益总额		
七、每股收益		
（一）基本每股收益		
（二）稀释每股收益		

单位负责人：　　　　　　　　财务负责人：　　　　　　　　会计主管：

表 7-2

资产负债表

会企 01 表

编制单位：　　　　　　　　　　　　年　　月　　日　　　　　　　　　　单位：元

资　产	期末余额	年初余额	负债及所有者权益（或股东权益）	期末余额	年初余额
流动资产：			流动负债：		
货币资金			短期借款		
交易性金融资产			交易性金融负债		
衍生金融资产			衍生金融负债		
应收票据			应付票据		
应收账款			应付账款		
应收账款融资			预收款项		
预付款项			应付职工薪酬		
其他应收款			应交税费		
存货			其他应付款		
合同资产			持有待售负债		
持有待售资产			一年内到期的非流动负债		
一年内到期的非流动资产			其他流动负债		
其他流动资产			流动负债合计		
流动资产合计			非流动负债：		
非流动资产：			长期借款		
债权投资			应付债券		
其他债权投资			租赁负债		
长期应收款			长期应付款		
长期股权投资			预计负债		
其他权益工具投资			递延收益		
其他非流动金融资产			递延所得税负债		
投资性房地产			其他非流动负债		
固定资产			非流动负债合计		
在建工程			负债合计		
生产性生物资产			所有者权益（或股东权益）：		
油气资产			实收资本（或股本）		
使用权资产			其他权益工具		
无形资产			资本公积		
开发支出			减：库存股		
商誉			其他综合收益		
长期待摊费用			专项储备		
递延所得税资产			盈余公积		
其他非流动资产			未分配利润		
非流动资产合计			所有者权益（或股东权益）合计		
资产总计			负债及所有者权益（或股东权益）总计		

单位负责人：　　　　　　　　财务负责人：　　　　　　　　会计主管：

主 编 简 介

丁增稳　安徽合肥人，教授，管理学（会计学）硕士，省级专业带头人，省级先进会计工作者，中国注册资产评估师，中国高职研究会商科分会会计专业委员会委员，安徽省示范性高等职业院校合作委员会财经协作组组长。现任安徽商贸职业技术学院会计系党总支书记。

丁增稳教授主要从事财务会计、税法和政府会计理论研究和教学工作。从教33年，系统讲授过基础会计、商办工业会计、财务会计、财务管理、税法、会计电算化、预算会计等课程。先后在《金融论坛》《北京工商大学学报》《财务与会计》《会计之友》《商业会计》《中国乡镇企业会计》等CSSCI、全国中文核心期刊上发表论文28篇。主编高职高专财经类系列教材《基础会计》《财务会计》《成本会计》《税法》《成本会计实训》《基础会计实训》《政府与非营利组织会计》等20多部。其中，《财经法规与会计职业道德》《成本会计实训教程》《中级会计实务》荣获国家级"十二五"规划教材称号，《政府与非营利组织会计》荣获国家级"十二五""十一五"规划教材称号，《基础会计》荣获省级"十五"和"十一五"规划教材称号。安徽省省级精品课程"会计学原理"项目主持人，安徽省会计技能大赛辅导精英奖获得者，主持或参与多项省级和院级教学质量工程项目。四次获得省级教学成果一等奖。

防伪查询说明

用户购书后刮开封底防伪涂层，利用手机微信等软件扫描二维码，会跳转至防伪查询网页，获得所购图书详细信息。用户也可将防伪二维码下的20位密码按从左到右、从上到下的顺序发送短信至106695881280，免费查询所购图书真伪。

反盗版短信举报

编辑短信"JB，图书名称，出版社，购买地点"发送至10669588128

防伪客服电话

（010）58582300

资源服务提示

授课教师如需获取本书配套教辅资源，请登录"高等教育出版社产品信息检索系统"（http://xuanshu.hep.com.cn/），搜索本书并下载资源。首次使用本系统的用户，请先注册并进行教师资格认证。

资源服务支持电话：010-58581854　邮箱：songchen@hep.com.cn

高教社高职会计教师交流及资源服务QQ群：675544928